O Ombudsman Bancário

O Ombudsman Bancário
UMA SOLUÇÃO EXTRAJUDICIAL DE CONFLITOS

2018

César Cardoso

O OMBUDSMAN BANCÁRIO
UMA SOLUÇÃO EXTRAJUDICIAL DE CONFLITOS
© Almedina, 2018
AUTOR: César Cardoso
DIAGRAMAÇÃO: Almedina
DESIGN DE CAPA: FBA
ISBN: 9788584932702

Dados Internacionais de Catalogação na Publicação (CIP)
(Câmara Brasileira do Livro, SP, Brasil)

bancário : uma solução extrajudicial
de conflitos / César Cardoso. -- São Paulo :
Almedina, 2018.
Bibliografia.
ISBN 978-85-8493-270-2
1. Bancos - Brasil 2. Direito bancário 3. Direito
bancário - Brasil 4. Litigância 5. Ombudsman –
Brasil 6. Ouvidoria - Brasil I. Título.

18-13296 CDU-347.734

Índices para catálogo sistemático:
1. Direito bancário : Direito comercial 347.734

Este livro segue as regras do novo Acordo Ortográfico da Língua Portuguesa (1990).

Todos os direitos reservados. Nenhuma parte deste livro, protegido por copyright, pode ser reproduzida, armazenada ou transmitida de alguma forma ou por algum meio, seja eletrônico ou mecânico, inclusive fotocópia, gravação ou qualquer sistema de armazenagem de informações, sem a permissão expressa e por escrito da editora.

Março, 2018

EDITORA: Almedina Brasil
Rua José Maria Lisboa, 860, Conj.131 e 132, Jardim Paulista | 01423-001 São Paulo | Brasil
editora@almedina.com.br
www.almedina.com.br

PREFÁCIO

O Brasil está em crise. Crise econômica, política, jurídica, social, ética. Essa percepção é dificilmente contestável por qualquer observador minimamente imparcial. O que chama a atenção, contudo, não é propriamente a existência da crise em si, por mais multifacetada e profunda que seja, mas sim o fato de que, ao longo de sua história, o País tem-se encontrado *permanentemente* em crise, ainda que permeada por breves interlúdios de estabilidade e progresso. Encarar as crises como simples episódios conjunturais em nada auxilia sua superação, sendo necessário, muito diversamente, alargar a visão até que se alcancem suas profundas raízes estruturais.

Dentre as raízes estruturais da permanente crise, permito-me destacar, no contexto destas breves considerações, uma peculiar e arraigada concepção sobre como devem-se conduzir os assuntos econômicos da nação. Não se trata de teoria econômica coerente, mas sim de conjunto de ideias frouxamente amarradas, marcado por notas de corporativismo, paternalismo estatal, desconfiança em relação ao mercado e à livre iniciativa, para não mencionar a crença de que a expansão insustentável do crédito é tudo o que se precisa para estimular o desenvolvimento. A aplicação desse retrógrado arsenal ideológico tem resultado, ao longo da história econômica brasileira, numa trajetória de crises permeadas por choques de austeridade, apenas para que seus frutos sejam rápida e irracionalmente consumidos em subsequentes períodos de populismo demagógico. Falta a compreensão fundamental de que economia é gestão de recursos escassos e sua pedra de toque, a eficiência. Promover a eficiência significa estimular a alocação e utilização dos recursos disponíveis em bases racionais, de modo a maximizá-los para o atendimento das necessidades individuais –

não havendo melhor instrumento para a consecução desse desiderato do que o normal funcionamento do mercado.

O ideário prevalecente fia-se, infelizmente, na agigantada presença estatal como panaceia para todas as dificuldades, a despeito dos reconhecidos vícios e descontroles na utilização dos recursos do contribuinte. Os interesses de poderosas corporações contribuem ainda mais para embaçar a compreensão de que, por mais essenciais que sejam as atividades prestadas pelo Estado, os recursos nela investidos devem-se utilizar com a maior eficiência possível, buscando preservar e maximizar o uso dos cabedais compulsoriamente desviados da atividade produtiva.

Infelizmente, a resolução judicial de controvérsias é, no Brasil, uma das atividades estatais em que a ineficiência se manifesta em notas mais carregadas. Os custos dessa ineficiência ultrapassam em muito as despesas com a manutenção de serventias e as remunerações de juízes, promotores e outros servidores públicos, espraiando-se para o conjunto da economia sob a forma de diversos custos de transação, decorrentes da excessiva demora para a solução de conflitos, da insegurança jurídica e do desalinhamento de incentivos econômicos e expectativas legítimas.

O livro que o leitor tem em mãos não ostenta a pretensão de solucionar esse quadro desafiador. Nem por isso deixa de corresponder a importante contribuição para a busca de alternativas funcionais à confusão (ideológica) entre acesso à Justiça e monopólio do Poder Judiciário. Pautando-se por sua característica honestidade intelectual, o autor examina a figura do *Ombudsman*, com a consciência de seu potencial para atuar de maneira complementar à resolução de controvérsias pelo Poder Judiciário. O foco do texto, alinhado à robusta especialização de seu autor, está nos conflitos verificados no âmbito do setor bancário, especialmente entre bancos e clientes. As dimensões da litigiosidade bancária não são triviais, como demonstram os dados coligidos pelo autor e sua criteriosa análise, devendo-se reconhecer, ainda, que, num sistema financeiro progressivamente mais refinado e interconectado, esperam-se do julgador conhecimentos técnicos e legais cada vez mais específicos.

A obra colhe subsídios na experiência nacional e internacional para traçar as características almejadas para o *Ombudsman* bancário, incluindo qualificações técnicas, imparcialidade, credibilidade e independência em relação ao sistema financeiro e às entidades representativas de consumidores. Tendo transitado e analisado diferentes modelos institucionais, o autor termina por recomendar o denominado *Ombudsman* setorial como o modelo mais indicado para a situação brasileira. Mais importante: atento ao alerta de Borges (para quem *"todas las teorías son legítimas y ninguna tiene importancia; lo que importa es lo que se hace con ellas"*), conclui apresentando projetos de normas para a implementação do modelo do *Ombudsman* bancário no ordenamento legal brasileiro.

Toda obra incorpora, em alguma medida, o caráter de seu autor. César Cardoso está presente nas entrelinhas do presente livro, não apenas na face mais visível de seus conhecimentos técnico-jurídicos, mas também no estilo direto e didático de escrita, bem como na constante preocupação em abordar todas as questões de maneira organizada e sistemática. Trata-se de contributo importante para o esforço de repensar, em bases sustentáveis, as sistemáticas para solução de controvérsias no País. Boa leitura!

Brasília, 15 de outubro de 2017
Cristiano Cozer

SUMÁRIO

INTRODUÇÃO 11

1 A LITIGÂNCIA ENTRE BANCOS E CLIENTES............................... 15
1.1 Litigância em números.. 15
1.2 Explicações possíveis para as causas da alta taxa de litigância
no setor bancário 18
1.3 Repercussões da taxa de litigância no funcionamento do Judiciário,
na sociedade e no crédito 29

2 O OMBUDSMAN BANCÁRIO 39
2.1 O ombudsman bancário:
mecanismo alternativo e adequado de solução de controvérsia 39
2.2 A regulação do ombudsman bancário no Brasil:
a ouvidoria da Resolução CMN nº 4.433, de 2015 52
2.3 O ombudsman bancário na experiência internacional 66
2.3.1 Europa 66
2.3.1.1 Portugal 66
2.3.1.2. Espanha 68
2.3.1.3 Itália 70
2.3.1.4 Inglaterra 72
2.3.1.5 Irlanda 74
2.3.1.6 Alemanha 75
2.3.2 Ásia e Oceania 76
2.3.2.1 Austrália 76
2.3.2.2 Hong Kong 77
2.3.2.3 Nova Zelândia 78
2.3.2.4 Índia 79

2.3.3 África 81
2.3.3.1 África do Sul 81
2.3.4 América 82
2.3.4.1 Canadá 82
2.3.4.2 Peru 83
2.4 Lições extraídas da experiência nacional e internacional 85
2.5 A regulação como indutora de mudança de comportamento:
um parêntesis necessário 97
2.6 Incentivos e desestímulos 103

3 ESBOÇOS DE UMA PROPOSTA:
ANTEPROJETOS DE LEI ORDINÁRIA E DE RESOLUÇÃO
QUE DISPÕEM SOBRE OMBUDSMAN BANCÁRIO 109
3.1 Esboço de resolução 109
3.2 Esboço de lei 112

4 CONCLUSÃO 113

INTRODUÇÃO

O mercado de crédito nacional enfrenta um problema crônico, aliado a outros, como o ambiente desfavorável aos negócios, que contribui para obstar que ele atinja os padrões dos países desenvolvidos e ofereça, a quem deles necessita para o investimento e para o consumo, recursos financeiros na quantidade demandada sob a forma de crédito de longo prazo e a juros baixos: a alta taxa de litigância judicial que fomenta os juros altos que, por sua vez, alimentam a litigância judicial, num círculo vicioso. Milhões de lides são submetidas ao processamento pelo nosso Poder Judiciário e ao seu julgamento, em que bancos e seus clientes têm destacada participação na perpetuação desse problema, levando a que as respostas definitivas aos conflitos demorem demais, oscilem demais e gerem insegurança demais. Ora, à medida que os processos em trâmite vão se avolumando e provocando congestionamento, a tendência é que se agrave o inadequado funcionamento da Justiça, tendendo a inviabilizá-la[1], em detrimento de uma

---

[1] O ministro Carlos Mário Velloso, do STF, já apontava essa tendência, em 1996, em discurso proferido em solenidade de formatura na Universidade Federal da Paraíba. Disponível em: <http://www.stf.jus.br/arquivo/biblioteca/PastasMinistros/CarlosVelloso/Discursos/Proferidos/030.pdf>. Acesso em: 22 jan. 2015. O ministro Ricardo Lewandowski, em discurso de abertura do ano judiciário, observa: "Os litígios judiciais, por tal razão, têm aumentado de forma exponencial, sem que os distintos Judiciários tenham logrado dar efetiva vazão a essa crescente demanda, cujo atendimento célere e eficaz é hoje legitimamente considerado um valor indispensável à vida em comunidade. Como muitos estudiosos vêm registrando, se os litígios existentes na sociedade contemporânea, constantemente bombardeada por apelos a um consumo conspícuo e perdulário – ainda que sobrepairando de forma potencial ou latente

de suas principais funções, além da pacificação social, a de suprir falhas do mercado, relativas à assimetria de informações e ao desequilíbrio entre os agentes que nele negociam, e a de proteger a propriedade privada e de fazer cumprir os contratos, proporcionando a estabilidade jurídica que o mercado necessita para funcionar como força propulsora do desenvolvimento da nação e da distribuição mais ampla de riquezas entre os membros da comunidade.

Em face da insegurança jurídica criada pelo mau funcionamento da Justiça, isto é, da imprevisibilidade quanto ao tempo que será gasto para se chegar a um julgamento definitivo, quanto ao teor da decisão judicial e quanto à efetiva execução da parte dispositiva da sentença ou das garantias dadas, os riscos são alocados no preço do crédito, elevando-o a níveis anormais. Também por isso, os credores optam por concentrar-se na oferta de crédito de curto prazo, menos arriscado do que o de longo prazo, uma vez que as incertezas quanto ao cumprimento da promessa são proporcionais ao tempo dado para o seu cumprimento.

O ambiente que favorece a alta taxa de litigância no setor financeiro, envolvendo prestadores de serviços e produtos bancários, de um lado, e consumidores, do outro, é complexo e as causas são múltiplas, várias delas com raízes estruturais profundas, que vão da ampliação do acesso dos cidadãos ao crédito ao excesso de endividamento desses mesmos cidadãos; das altas taxas de juros ao tratamento injusto do cliente; da falta de credibilidade injustificada das partes na relação ao oportunismo danoso daqueles que se beneficiam de um Judiciário lento e imprevisível. Não é pretensão deste trabalho enfrentar todas as razões conjunturais e estruturais diretamente. Também não é seu objetivo focar nos responsáveis pelos litígios, apontando culpados, se são os bancos ou os mau pagadores ou ambos, por exemplo.

O principal objetivo deste trabalho é estudar o ombudsman[2], um mecanismo de solução de controvérsias e de aperfeiçoamento da relação entre a empresa e seu cliente, cujo uso tem sido recomendado por organismos

---

–, não forem rápida e adequadamente resolvidos pelas autoridades estatais competentes, eles poderão degenerar em frustrações e violências, trazendo como consectário um grave comprometimento da paz pública". Disponível em: <http://www.stf.jus.br/arquivo/cms/noticiaNoticiaStf/anexo/ABERTURA_DO_ANO_JUDICIARIO_DE_2015.pdf>. Acesso em: 4 fev.2015.

[2] As expressões "ouvidor" e "ombudsman" serão utilizadas como sinônimas. Esta última o será em conformidade com a sua origem sueca e, portanto, sem variação no singular e no plural.

internacionais e por acadêmicos[3], como canal complementar, se não alternativo, ao Poder Judiciário. Os métodos alternativos de resolução de disputas, como a conciliação, a mediação e a arbitragem, têm se afirmado gradativamente, incentivados pelo próprio Poder Judiciário, à procura de saídas para a crise que enfrenta. No âmbito dos grandes negócios, o pedido de tutela jurisdicional vai se tornando exceção e a arbitragem, a regra. Cresce a demanda por Câmaras de Arbitragem confiáveis. No âmbito das relações de consumo, entretanto, a opção preferencial é a via judicial, talvez pela ausência de uma alternativa que se apresente mais eficiente e barata. Pode o ombudsman ser essa via no que concerne às disputas consumeristas no setor bancário?

Apesar de ser evidente que é preciso se estabelecer filtros que diminuam a litigância judicial – o que não equivale a dizer restrição do acesso à Justiça, porque esse acesso não se confunde com acesso necessariamente ao Judiciário – e criar mecanismos alternativos de resolução de disputas, dados do Conselho Nacional de Justiça (CNJ), mostrados a seguir, sugerem que, na grande maioria dos casos, procura-se diretamente o Poder Judiciário sem antes se valer das vias alternativas existentes, mesmo em matérias menos complexas e envolvendo valores menos expressivos. Por que isso ocorre é uma das questões que tentaremos responder.

Consciente de que o ombudsman não é a panaceia para todos os males relacionados com a litigância no setor bancário que causam impacto negativo no Poder Judiciário e no crédito, almejamos, aqui, fazer uma provocação e também uma proposta concreta que contribuam para a diminuição daquela taxa a um nível aceitável, sob o pressuposto de que os meios de solução de controvérsia extrajudiciais, mais particularmente o sistema de ombudsman, podem ser mais eficazes do que o Poder Judiciário quando a disputa não requeira um procedimento tão formalista nem um aparato tão burocratizado para dirimi-la, ainda que essa nossa contribuição seja ape-

---

[3] Em 18 de fevereiro de 2014, o professor alemão Klaus Hopt, ex-diretor do Instituto Max Planck, proferiu uma palestra sobre o tema "Ombudsman dos Bancos Privados", no Superior Tribunal de Justiça, ampliando o interesse sobre o assunto, com o mote "Conciliar é melhor que julgar", de quem lida com as angústias produzidas pela absurda taxa de litigância judicial e busca saídas que evitem a paralisação do Poder Judiciário e a sua desmoralização perante a sociedade, com as trágicas consequências que podem advir da incapacidade do Estado de dizer do direito e de assegurar a percepção de que se está fazendo justiça. Disponível em: <http://www.cjf.jus.br/cjf/noticias-do-cjf/2014/fevereiro/ministros-do-stj-prestigiam-palestra-de--professor-alemao-sobre-ombudsman-de-bancos-privados>. Acesso em: 24 nov. 2014.

nas a proposta de substituição de um tijolo por outro de um material mais consistente e avançado para a construção de uma relação de cooperação entre bancos e clientes. Em nenhum momento, neste trabalho, se questionará a legitimidade de se procurar a tutela jurisdicional quando o sujeito de direito entender que um direito seu está sendo ameaçado ou violado, garantia inalienável de toda pessoa e uma das bases do Estado Democrático de Direito. Tampouco se proporá a substituição do Poder Judiciário por outros organismos públicos ou privados. A proposta é apresentar uma via de solução de controvérsias adequada ao consumidor bancário, e desestimular o uso do Poder Judiciário por oportunistas, em benefício da estabilidade das relações no sistema financeiro nacional e do funcionamento do Poder Judiciário, com reflexos positivos em toda a sociedade e, em especial, no crédito.

Primeiro, examinaremos se o ombudsman bancário, também chamado de ouvidor no Brasil, é um canal alternativo ou complementar ao Poder Judiciário para a solução de conflitos quando se trata das relações entre bancos e seus clientes, revisando a literatura que fala sobre o instituto. Depois, analisaremos como o instituto está disciplinado juridicamente no Brasil, fazendo uma crítica à regulação da matéria estabelecida pelo Conselho Monetário Nacional (CMN), como ele é utilizado e que impactos a sua utilização tem trazido em relação à litigância judicial, e identificaremos, na experiência internacional, pelo método comparativo, lições que possam ser aproveitadas pelo Brasil visando ao aperfeiçoamento do arcabouço jurídico em que inseridas as ouvidorias. Pretendemos também, tendo em vista que, como demonstram os números da litigância judicial, o impacto do ombudsman hoje é pequeno, analisar se é possível mudar esse contexto por meio de alterações das regras vigentes, adotando uma visão neoinstitucionalista, segundo a qual as instituições e organizações importam para o desenvolvimento e elas podem influenciar o comportamento humano e incentivar a cooperação entre os atores políticos, econômicos etc. Ao final, recomendaremos novas regras, por meio de um anteprojeto de lei e de resolução do CMN, a fim de aperfeiçoar o instituto no Brasil, incentivar o seu uso e desestimular a procura direta do Poder Judiciário sem a prévia busca dessa alternativa.

1 A LITIGÂNCIA ENTRE BANCOS E CLIENTES

1.1 Litigância em números

É senso comum que há uma crise do Poder Judiciário brasileiro, mas para conhecer o seu verdadeiro tamanho, é necessário obter dados concretos, para não se quedar em uma mera percepção, e, a partir desses dados, construir soluções efetivas. Nesta seção, vamos mostrar dados numéricos referentes aos litígios judiciais envolvendo os agentes que atuam no setor financeiro. É um primeiro passo no diagnóstico do problema, visando a identificar a sua real gravidade, cientes que números, por si só, não revelam tudo, mas são relevantes fontes de informação.

É fácil vislumbrar a dificuldade que o Poder Judiciário tem em processar e julgar com rapidez uma causa quando o magistrado brasileiro, em média, tem uma carga de trabalho correspondente a 6.041 casos, dados de 2013, e recebeu naquele ano, por exemplo, 1.566 casos novos, julgou 1.564 processos e baixou 1.684 processos (CNJ, 2014). Para se ter uma ideia mais precisa a respeito da medida do problema, impõe-se que sejam apresentados outros números.

De acordo com dados do Conselho Nacional de Justiça, em relatório apresentado em 2014, tramitavam pelo Poder Judiciário, no ano-base 2013, 95.140.000 processos, aproximadamente. Os casos novos durante o período foram 28.300.000 (CNJ, 2014)[4]. Na Justiça Estadual, ramo que apresenta

---

[4] Tramitaram aproximadamente 95,14 milhões de processos na Justiça, sendo que, dentre eles, 70%, ou seja, 66,8 milhões já estavam pendentes desde o início de 2013, com ingresso no

a maior litigiosidade por abranger 72% dos processos ingressados e 78% dos em trâmite, eles eram 74.234.555, com crescimento do número de demandas processuais em 3,1% de 2012 para 2013 (CNJ, 2014). No ranking elaborado em pesquisa do CNJ, referente aos 100 maiores litigantes, ano 2012, o setor de bancos revelou-se, entre os 10 maiores, na 2ª posição, com 10,88%, atrás apenas do setor público federal, em relação ao total de ações ajuizadas no período entre 1º de janeiro e 31 de outubro de 2011. Na Justiça Estadual, foi o primeiro do ranking, com 12,95% dos 10.580.207 processos novos não criminais no período, ou seja, parte em 1.370.136 processos novos. De acordo com o mesmo relatório, no consolidado das Justiças estaduais, federal e do trabalho, os bancos aparecem no polo ativo em 5,5% do total dos processos ingressados no período, e em 4,8% no polo passivo. Na Justiça Estadual, eles aparecem, respectivamente, em 6,8% e 5,8% (CNJ, 2012). Essas percentagens sugerem que a busca de uma solução do conflito via Poder Judiciário não é uma iniciativa predominantemente do cliente bancário. Os bancos também, e em quantidade próxima, optam pelo litígio judicial. No Juizado Especial Estadual, que teve 2.718.562 processos novos não criminais, no período de referência, os bancos apareceram no polo passivo em 14,7% das causas ingressadas entre janeiro e outubro de 2011, e no ativo, em 0,02%, o que não causa estranheza, considerando-se que o Juizado Especial é a via natural de acesso à Justiça seguida pelos consumidores. Surpreende a participação das instituições financeiras no polo ativo, considerando tratar-se, no caso, de Juizado Especial, o que pode indicar imprecisão nos números.

Entre os 100 maiores litigantes no primeiro grau de jurisdição identificados no relatório do CNJ (CNJ, 2012), embora instituições financeiras menores também apareçam, os maiores bancos posicionam-se entre os 50 primeiros, no consolidado das três Justiças: o Banco Bradesco S/A aparece na 8ª posição, a Caixa Econômica Federal, na 9ª, os Bancos Itaucard S/A

---

decorrer do ano de 28,3 milhões de casos novos (30%). É preocupante constatar o progressivo e constante aumento do acervo processual, que tem crescido a cada ano, a um percentual médio de 3,4%. Some-se a isto o aumento gradual dos casos novos, e se tem como resultado que o total de processos em tramitação cresceu, em números absolutos, em quase 12 milhões em relação ao observado em 2009 (variação no quinquênio de 13,9%). Apenas para que se tenha uma dimensão desse incremento de processos, a cifra acrescida no último quinquênio equivale a soma do acervo total existente, no início do ano de 2013, em dois dos três maiores tribunais da Justiça Estadual, quais sejam: TJRJ e TJMG.

e Itaú S/A, na 10ª e na 11ª, respectivamente, o Banco Santander Brasil S/A aparece na 12ª, o Banco do Brasil S/A, na 16ª e o Banco HSBC – Bank Brasil S/A, na 28ª. Na Justiça Estadual[5], o Banco Bradesco S/A apresenta-se na 6ª posição, o Banco Itaucard S/A, na 7ª, o Banco Itaú S/A, na 8ª, o Banco Santander Brasil S/A aparece na 10ª, o Banco do Brasil S/A, na 14ª e o Banco HSBC – Bank Brasil S/A, na 27ª. Na Justiça Federal, que tem competência para processar e julgar os processos em que são partes as empresas públicas, a Caixa Econômica Federal sobe no pódio como terceira colocada. No que concerne aos Juizados Especiais, no consolidado das três Justiças, a Caixa Econômica Federal é a 2ª colocada, o Banco Santander Brasil S/A, o 6º colocado, o Banco Itaucard S/A, o 7º, o Banco Bradesco S/A é o 8º, o Banco Itaú S/A, o 9º e o Banco do Brasil, o 10º. No Juizado Especial estadual, Banco Santander Brasil S/A aparece em 3º lugar, Banco Itaucard S/A, em 4º, Banco Bradesco S/A, em 5º, Banco Itaú S/A, em 6º e Banco do Brasil S/A, em 7º. No Juizado Especial Federal, a Caixa Econômica Federal também aparece em 2º lugar, atrás apenas do INSS. Esses dados merecem atenção porque, no ranking de Instituições Financeiras por reclamações divulgado pelo Banco Central, com base no Sistema de Registro de Denúncias, Reclamações e Pedidos de Informações (RDR), referentes àquelas com mais de um milhão de clientes, as mesmas instituições revezam-se, em geral, entre as cinco primeiras (BANCO CENTRAL DO BRASIL, 2014a)[6].

Os dados do RDR revelam que, de janeiro a dezembro de 2011, foram feitas 64.655 reclamações e denúncias no Banco Central, uma média de 5.388 por mês. É interessante assinalar que, deste total, 46.352, ou seja, quase dois terços das reclamações, foram demandas que não envolveram descumprimento de normativos do CMN ou do Banco Central, não enfrentadas, portanto, pela autoridade monetária. Das demandas que envolviam esses normativos, 9.477 foram consideradas procedentes e 8.815, não. Os dados do Banco Central relativos à procedência das reclamações adminis-

---

[5] Neste trabalho, o enfoque, quando não geral, será dado ao que ocorre na Justiça estadual e no Juizado especial cível, em razão da matéria aqui abordada e do seu peso nessas Justiças. Por isso, não se cuidará da Justiça do Trabalho e se abordará apenas eventualmente a situação da Justiça Federal, devido à presença da Caixa Econômica Federal.

[6] Como método de pesquisa, preocupou-se em colher no RDR dados referentes ao período de janeiro a dezembro de 2011, apesar de existirem dados mais recentes, a fim de poder-se analisá-los e compará-los minimamente, em conjunto com os dados do CNJ relativos aos 100 maiores litigantes, restritos ao período de janeiro a outubro de 2011, não existindo, neste último caso, dados mais recentes disponíveis.

trativas indicam que os procedentes são ligeiramente superiores aos improcedentes, o que desmistifica a ideia de que o banqueiro é sempre o vilão, pelo menos no que tange à observância das normas do sistema financeiro.

De acordo com o Cadastro Nacional de Reclamações Fundamentadas de 2011[7], da Secretaria Nacional do Consumidor do Ministério da Justiça (BRASIL, 2011), naquele ano foram realizados 1.696.833 atendimentos pelos Procons. Desses atendimentos, apenas 153.094 resultaram em processos administrativos denominados reclamações fundamentadas, porque ou não se obteve êxito em tentativa preliminar de solução da demanda ou porque o fornecedor era reincidente, sendo que 22,1% referiam-se a assuntos financeiros, quer dizer, 33.834 reclamações fundamentadas.

Chama a atenção que, pelos registros do CNJ, aqueles grandes bancos foram partes em cerca de 5,40% dos processos novos, vale dizer, em pelo menos 1.528.200 processos, no período (CNJ, 2012). Porém, tanto os dados do Banco Central quanto os do Ministério da Justiça informam que o número de pedidos de tutela administrativa é infinitamente inferior ao de tutela jurisdicional.

Os dados nos dizem que o problema da litigância judicial está se encaminhando para inviabilizar o Poder Judiciário como o principal ente pacificador dos conflitos sociais, o que será trágico, se não forem adotadas medidas que diminuam substancialmente a alta taxa.

1.2 Explicações possíveis para as causas da alta taxa de litigância no setor bancário

Neste ponto, vamos cuidar de causas da litigância apontadas em pesquisas e na literatura, sem a pretensão de exaurir o assunto. Daremos atenção, sem concordar integralmente com eles, a autores que enquadramos como culturalistas, porque consideram que a principal causa dessa litigância é a predominância, no Brasil, da cultura do litígio judicial ou da solução adjudicada. As consequências dessa litigância serão examinadas na seção seguinte, como uma forma de organizar as ideais mais claramente, embora tenhamos presente que causas e consequências, em certa medida, podem confundir-se: a alta taxa de litigância, por exemplo, pode causar o aumento

---

[7] Escolheu-se o ano de 2011, tendo em vista que os dados do CNJ disponíveis, referentes aos maiores litigantes, referem-se ao período de janeiro a outubro de 2011.

das taxas de juros; mas o aumento das taxas de juros também pode causar o aumento da taxa de litigância.

Os conflitos são fenômenos naturais e a sua ocorrência integra a existência na diversidade. Eles não teriam origem somente se todos fossemos iguais em tudo e se houvesse uma unicidade de percepção do mundo e uma expressão precisa dessa visão, em que todas as pessoas captassem e compreendessem os fatos e as regras sociais de um único modo, tivessem uma só ideologia que as guiasse pela única estrada das certezas inabaláveis, agissem e reagissem da mesma forma como se fossem programadas pelo mecanicismo ou pela robótica e se comunicassem e usassem uma linguagem monossêmica. Felizmente, nem os regimes totalitários são capazes de moldar as pessoas como uniformes e de anular à força a sua individualidade, e sempre há os rebeldes que rejeitam ser conformados. Na vida em sociedade, a interação entre pessoas que têm crenças e conhecimentos variados e que apresentam necessidades e desejos eventualmente contrapostos, experimenta-se o oscilar entre a cooperação e a competição, conforme a sua utilidade. Há ocasiões em que a satisfação dos desejos e das necessidades depende de colaboração, do ganha-ganha, para que ela seja maior do que a insatisfação, mas há aquelas em que tal satisfação depende do sucesso no embate, do ganha-perde, por falta de espaço para dois vencedores. Surgem então os conflitos, que não são necessariamente negativos, se forem tratados como oportunidades para o crescimento pessoal e para o aperfeiçoamento das instituições, como mostra a dialética. Uma pessoa, por exemplo, dedicada à pesquisa científica na área da química, inventa um produto que não só evita a queda de cabelos como faz com que novos cabelos cresçam, eliminando a calvície. Ela possui a fórmula mágica, mas não tem dinheiro para produzir o remédio e distribuí-lo de forma lucrativa nem conhecimentos de administração de empresas. Uma outra pessoa possui dinheiro suficiente para investir na produção e habilidades empresariais, e vê, no negócio, uma oportunidade para lucrar. As duas associam-se para ganhar dinheiro juntas, formando uma sociedade empresarial. É provável que surjam atritos a respeito das estratégias de condução da empresa, ou da forma como os lucros estão sendo distribuídos, entre outros. O melhor para que os sócios continuem lucrando, entretanto, é que continuem somando as suas expertises. O ideal, portanto, é que eles resolvam seus conflitos de uma forma em que ambos ganhem, negociando e conciliando-se, a fim de manterem a sociedade. Uma terceira pessoa, uma outra sociedade do mesmo ramo de negócios, também ambiciona conquistar os mesmos consumidores calvos e lança um produto com fórmula idêntica, ou com nome similar, prometendo que o seu produto traz benefícios inigualáveis. Inicia-se uma disputa relativa à propriedade intelectual. Neste conflito, envolvendo uma inovação, não há como uma das partes ganhar sem a outra perder, ainda que parcialmente, porque, dependendo do mercado, do tamanho da demanda, ou se vence a concorrência ou os lucros podem reduzir-se ao ponto da extinção. Nesta hipótese, provavelmente a melhor solução será atribuir a solução da disputa a um terceiro, um juiz ou um árbitro, por exemplo. O problema do conflito não está na sua existência, frequentemente inevitável, mas na forma como ele é tratado visando à sua composição. Os conflitos tornam-se prejudiciais se mal resolvidos ou não resolvidos. Os números mencionados anteriormente indicam que surgem muitos conflitos no âmbito do setor bancário, entre bancos e seus clientes, e que prefere-se buscar a sua solução no Poder Judiciário, embora, dependendo do caso, existam, ou possam existir, alternativas mais adequadas. Quais são as causas de tantos litígios e por que eles são judicializados?

Salama e Pinheiro (2013) observam que a grande litigância entre bancos e clientes decorre das anormais taxas de juros praticadas no país resultantes de um cenário de "normalização incompleta" no mercado financeiro, caracterizado por crédito escasso e caro, apesar do controle da inflação e da relativa estabilidade macroeconômica, que somente poderá ser normalizado completamente se forem realizadas mudanças estruturais para eliminar distorções macroeconômicas a exemplo da manutenção do controle da inflação por meio de altas taxas básicas de juros, políticas, como o ativismo judicial, e legais, como a falta de proteção dos direitos dos credores e a não adoção de meios eficazes de execução da obrigação.

Os conflitos de interesses, entre provedores e tomadores de crédito, possuem complexas razões circunstanciais e estruturais. Sob o aspecto circunstancial, a alta taxa de litígios sugere que há falhas em relação à elaboração e à execução dos contratos que o mercado por si só não tem solucionado de forma eficiente, e que acabam gerando litígios que, em regra, serão levados ao Judiciário. A redação de cláusulas contratuais, por exemplo, nem sempre é feita com o cuidado de tornar fácil a compreensão do seu sentido e alcance, criando margem para interpretações divergentes quanto à sua aplicação. O estabelecimento de uma relação creditícia embasada em informações imprecisas a respeito de produtos e serviços, dos juros e das tarifas cobradas, dos riscos a eles inerentes, ou da capacidade do tomador do crédito contrair dívidas, com desconsideração à escassa educação financeira e ao alto endividamento, também pode se tornar uma fonte de atritos no futuro, favorecendo a inadimplência, dificultando a efetividade da execução forçada da obrigação e repercutindo na formação do *spread* bancário, elevando-o[8]. Segundo o Relatório de Economia Bancária e Crédito do Banco Central, referente ao ano de 2013, o *spread* em créditos para pessoa jurídica alcançou, em dezembro de 2013, 6,9 p.p, e para pessoa física, 16,4 p.p., e as taxas de juros, 15,1% e 25,6%, respectivamente (BANCO CENTRAL DO BRASIL, 2013). Sob o estrutural, a quantidade de disputas se relaciona destacadamente com as incertezas fomentadas por décadas de combate à inflação por meio de planos econômicos em sua maioria malsucedidos, à exceção do Plano Real[9], e pela manutenção de altas taxas básicas de juros[10], como instrumento de política monetária, no intuito de manter o poder de compra da moeda, compatibilizando a oferta de crédito com a oferta e a demanda de bens e serviços. Segundo lei elementar do mercado, quanto menor a quantidade de moeda disponível, maior será o preço cobrado pelo seu uso. As altas taxas de juros ampliam os riscos de o devedor não conseguir cumprir a sua obrigação e de ele questionar o

---

[8] O custo da inadimplência é um dos elementos que compõem a fórmula de cálculo do *spread* bancário.

[9] Planos econômicos como o "Collor" e o "Bresser" ensejaram milhares de ações que, certamente, contribuíram para o aumento vertiginoso de processos judiciais nas últimas décadas. Felizmente, o Plano Real, melhor estruturado juridicamente e mais eficiente no combate à inflação, não provocou o mesmo volume de irresignação. O Judiciário lida atualmente com os resíduos causados pelos planos econômicos anteriores, cuja repercussão tende a esvair-se com o tempo, aliviando-o, pelo menos no que concerne a esta matéria.

[10] Os juros básicos da economia, fixados pelo Comitê de Política Monetária do Banco Central (Copom), não se confundem com os juros que remuneram os bancos, o *spread* bancário, embora os influenciem. De uma forma simples, pode-se dizer que eles são um dos instrumentos de política monetária e equivalem à meta para a Taxa Selic, taxa média dos financiamentos diários, com lastro em títulos públicos federais, apurados no Sistema Especial de Liquidação e Custódia (Selic). Relacionam-se com os juros que o governo sinaliza estar disposto a pagar a quem adquirir títulos do tesouro, financiando as atividades estatais, e são usados para equilibrar demanda e oferta, no intuito de controlar a inflação. Se a demanda é maior do que a oferta, eleva-se a taxa básica, o que incentivará as instituições financeiras a adquirirem títulos públicos em vez de oferecerem crédito. Com isso, haverá diminuição de oferta de moeda, que ficará mais cara e, consequentemente, a poupança será incentivada e o consumo, adiado. Se, ao contrário, a demanda for menor do que a oferta, diminui-se a taxa básica, para ampliar a oferta de crédito e estimular o consumo.

tamanho da dívida. Também pode ser considerado estrutural o ativismo do Judiciário que, desde a redemocratização do país, assumiu o papel de grande mediador dos conflitos institucionais e sociais, à míngua de canais alternativos, e em face da deficiência na produção legislativa, regulamentar e contratual. Salama e Pinheiro (2013) acrescentam, como causa estrutural, o déficit democrático na atividade reguladora do Conselho Monetário Nacional e do Banco Central do Brasil, ou seja, que a produção de regras pelas autoridades monetárias careceria de um maior debate e de uma maior participação de todos os agentes sobre os quais elas repercutem.

O CNJ ressalta, em seu relatório, que não foi possível identificar que matérias foram objeto das lides, o que dificulta, à luz dos seus dados, uma compreensão mais concreta das razões pelas quais bancos e seus clientes litigam tanto e de como diminuir esse grau de conflitos. Os dados trazidos pelo Conselho apenas revelam o tamanho do problema no âmbito da Justiça. Tampouco indicam a quem o Poder Judiciário dá razão, na maioria dos casos, o que afasta, com base neles, a possibilidade de uma análise acerca de quem é efetivamente responsável pela maior parte dos conflitos que são judicializados, ou melhor, quem reiteradamente apresenta pretensão sem fundamento ou opõe resistência indevida à pretensão legítima, forçando a outra parte a procurar a tutela jurisdicional. Sim, porque o fato de se estar entre os maiores litigantes em razão da quantidade de processos em que se é parte não mostra, por si só, que este litigante é levado à Justiça por habitualmente desrespeitar as leis. À informação quantitativa, disponibilizada pelo CNJ, falta somar a qualitativa, isto é, aquela que revela o grau de sucumbência do litigante apontado no ranking.

Uma pesquisa da Fundação Getúlio Vargas realizada para o CNJ revela, entretanto, algumas causas internas e externas ao Poder Judiciário, tendo como foco os atores que influem no processo de judicialização dos conflitos e dele participam, bem como o fenômeno das ações repetitivas. Pelo que se extrai da pesquisa, o primeiro ator é o cidadão, o jurisdicionado, que viu o seu acesso à Justiça ampliado a partir da democratização do país e da Constituição de 1988, dita cidadã, impulsionado com a edição do Código de Defesa do Consumidor e facilitado com a criação dos Juizados Especiais Cíveis. Além disso, o cidadão é estimulado a procurar a tutela jurisdicional por outros dois atores: a mídia, que repercute os conflitos, os debates jurídicos e as decisões judiciais, e informa a coletividade a respeito dos direitos dos seus membros, de prazos prescricionais e do tratamento dado pelo

Judiciário a matérias de maior interesse social, e o advogado, em especial aquele dedicado a litígios de massa, que busca oportunidades, em meio a zonas cinzentas estabelecidas pela legislação e pela jurisprudência, para criar teses, angariar um número significativo de clientes que lhe traga rendimentos a um custo baixo apoiado na tecnologia, e testá-las junto ao Judiciário. Também o Poder Público, em sua função reguladora ou jurisdicional, favorece esses conflitos e gera demandas, por criar zonas cinzentas ao editar regras imprecisas via Legislativo, ou agências reguladoras, por interpretar e aplicar essas regras de forma vacilante e sem uniformidade, e por demorar na solução das lides, o que alimenta insegurança e oportunismos (GABBAY; CUNHA, 2012).

A mesma pesquisa apresenta um estudo de caso em relação de consumo entre bancos e seus clientes, envolvendo cartão de crédito, e justifica a escolha por se tratar de área que representa parcela significativa do volume de demandas repetitivas em trâmite na Justiça estadual, que, como visto, é a mais afetada pela litigância entre instituições financeiras e consumidores, confirmando as conclusões mencionadas anteriormente (GABBAY; CUNHA, 2012). Como causas externas ao aumento das demandas judiciais envolvendo produtos bancários como o cartão de crédito, o estudo de caso aponta as seguintes, conforme Oliveira, Ramos e Silva (2012):

- aplicação do Código de Defesa do Consumidor às instituições financeiras;
- ascensão social de parcela considerável da população brasileira e a sua inclusão financeira;
- diversificação de ofertas e sofisticação de serviços e produtos bancários;
- aumento do uso de cartões de crédito;
- dificuldade de compreensão, por parte do "novo" consumidor, das regras que disciplinam o uso de cartão de crédito;
- juros altos e endividamento.

Outra pesquisa realizada por Barbosa (2010), pela Pontifícia Universidade Católica do Paraná (PUC-PR), também para o CNJ, igualmente atribui à conjuntura econômica, favorável à intensificação do crédito e ao consumo no mercado brasileiro, a responsabilidade pelo crescimento da judicialização dos negócios bancários, espelhada em ações repetitivas. Segundo ela, entre 2003 e 2009, a relação crédito bancário/PIB aumentou de 25% para 40%, resultando em expansão de consumo e no aumento quantitativo da inadimplência, uma vez que a facilidade de contratação do crédito não consideraria a capacidade financeira do tomador com as devidas precauções. Ainda de acordo com essa pesquisa, as questões judicializadas que se destacam são:

- crédito direto ao consumidor;
- contrato de crédito consignado em folha de pagamento; e
- cartão de crédito.

A ascensão social de parcela da população, que antes sequer tinha satisfeitas as suas necessidades básicas e agora vivencia a sua gradativa inclusão financeira, contribuindo para a ampliação da bancarização no Brasil, apontada como uma das principais causas do aumento da litigância judicial, é um fenômeno evidentemente positivo, e, em vez de ser combatido, deve ser estimulado. A limitação, *per si*, do uso do cartão de crédito ou do crédito consignado, por exemplo, pode até reduzir a procura da tutela jurisdicional, mas não é aquele tipo de restrição que beneficia a sociedade. Quanto maior é o acesso ao crédito, mais a riqueza circula e é distribuída, de modo que cada vez mais pessoas possam produzir e consumir bens e serviços de qualidade e na quantidade correspondente às suas demandas. O fundamental é que esse acesso seja oferecido na exata medida em que não leve ao endividamento além das forças do tomador de crédito e em que se estabeleça uma relação equilibrada e transparente entre credor e devedor, favorecendo a satisfação do crédito de forma que ele continue se expandindo e se tornando acessível a outros interessados. O desenvolvimento neste sentido é bem-vindo.

A proteção dada pela lei ao consumidor contra os abusos e a desinformação e que exige que o cliente, inclusive o bancário, seja tratado de forma justa, é igualmente indisponível no atual estado civilizatório, resultado da revolução da informação em andamento, caracterizado pela intensa fluidez, ou liquidez, das inter-relações, que mudam permanentemente e não mais são limitadas por barreiras espaciais ou temporais e no qual o consumismo assume proporções inéditas para o bem e para o mal. Para o bem porque o consumo estimula, em ambiente competitivo, produção e inovação de bens e serviços, que requerem trabalho e crédito, e, consequentemente, favorece a circulação e a distribuição de riqueza. Para o mal porque, quando sem limites, incentiva riscos desmedidos, a irresponsabilidade que leva ao endividamento além da conta e às quebras que afetam tragicamente indivíduos, empresas e países.

A ação da mídia tampouco deve ser coibida, porque a liberdade de expressão exerce papel essencial como garantidora do Estado Democrático de Direito. Quanto mais informado o cidadão, mais capacitado ele estará para tomar decisões, seja no âmbito da política, seja no âmbito financeiro e econômico. Há uma assunção, por boa parte da teoria econômica, de que ele faz escolhas econômicas de forma racional, avaliando custos e buscando maximizar o bem-estar individual, embora, como assinalado por North (2007), citando Herbert Simon, essa racionalidade seja limitada por uma série de fatores que vão da ideologia até a capacidade biológica do indivíduo de perceber e processar mentalmente os dados. O ideal, portanto, é que a mídia seja alimentada com o máximo de informações precisas e completas a respeito do crédito e das questões e soluções que o envolvem, a fim de que ela as repasse ao consumidor, contribuindo para a sua educação financeira, permitindo que ele evite enganar-se ou ser enganado, inclusive quanto a ir ao Judiciário na defesa de um direito que não possui, ou, mesmo quando tem razão, a ir ao Judiciário sem antes se socorrer de vias alternativas menos custosas e mais céleres.

E a conduta do advogado? As únicas restrições que podem lhe ser impostas são aquelas estabelecidas pelas leis e regras infralegais que disciplinam o exercício da advocacia, como o Estatuto da Ordem dos Advogados do Brasil (OAB) e o Código de Ética. Estando o advogado atuando dentro da legalidade e da ética, é legítimo que ele postule, no Judiciário, na defesa de teses que favoreçam os interesses de seus clientes. E, se essas teses são construídas a partir de um zona cinzenta resultante de regras mal elaboradas, do excesso de normas que às vezes até se contrapõem, ou de decisões administrativas ou judiciais vacilantes, cabe às autoridades cuidarem melhor da elaboração de regras, redigindo dispositivos mais claros quanto ao seu sentido e alcance, e da construção de uma jurisprudência mais sólida. Em relação a esse tópico, o Departamento de Pesquisas Jurídicas do CNJ (2011, p. 26, grifo do autor) faz a seguinte proposta:

Aperfeiçoamento da regulamentação do CMN e do Bacen: observa-se que muitos conflitos nas relações de clientes com bancos (identificados como os maiores litigantes na justiça estadual, de acordo com levantamento deste CNJ) poderiam ser esclarecidos e regulamentados de forma mais objetiva pelo Conselho Monetário Nacional e pelo Banco Central, dispensando inclusive proposições legislativas, devido ao alto grau de 'enforcement' que essas instituições possuem sobre as instituições financeiras. Isso poderia contribuir para evitar uma série de reclamações relacionadas a algumas práticas bancárias comumente discutidas no Judiciário.

Por outro lado, também dados existentes em entidades de defesa do consumidor e no Banco Central podem, ao menos, sugerir quais as causas mais significativas para o litígio.

No âmbito do Sistema Nacional de Defesa do Consumidor, dos 10 assuntos mais reclamados, o cartão de crédito apareceu em terceiro lugar, correspondendo a 6,6%, banco comercial em sexto, com 5,6%, e financeira em nono, com 3,5%. Essas expressões, contudo, revelam-se bastante vagas para que se possa identificar os temas mais relevantes, objetos de controvérsias (BRASIL, 2011).

No âmbito do Sistema Financeiro Nacional, as reclamações mais frequentes no RDR podem ser agrupadas da seguinte forma, não necessariamente nessa ordem em relação à quantidade (BANCO CENTRAL DO BRASIL, 2014b)[11]:

- Contas:
  1. Abertura com documentação falsa ou inexistente.
  2. Débitos não autorizados.
  3. Encerramento sem solicitação do cliente.
- Tarifas: cobrança irregular.
- Concessão de crédito sem a formalização do título adequado ou com a formalização embasada em documento falso.
- Segurança dos meios alternativos:

[11] A partir de agosto de 2014, o ranking passou a ter formato diferente dos anteriores e a apresentar os motivos de reclamação de forma mais detalhada e precisa.

1. Operações não reconhecidas.
2. Saques/depósitos divergentes.

- Circular 3289 (dispõe sobre o RDR): esclarecimentos incompletos ou incorretos.

Cabe anotar que, até a edição da Lei nº 12.865, de 9 de outubro de 2013, que dispõe sobre arranjos e instituições de pagamentos, o Banco Central não supervisionava operações com cartão de crédito, a não ser de forma indireta, quando a administradora de cartão de crédito integrasse um conglomerado no qual fizesse parte a instituição financeira. Provavelmente por essa razão, o cartão de crédito aparece como uma das causas de controvérsias tanto nas pesquisas feitas para o CNJ quanto nos registros do Ministério da Justiça, mas não no RDR do Banco Central.

Uma possível resposta à pergunta sobre os motivos pelos quais os litígios são judicializados, em vez de serem resolvidos diretamente com as instituições financeiras ou por vias alternativas, é a oferecida por juristas especialmente ligados ao estudo de soluções alternativas de controvérsias, como a mediação, que defendem a existência de uma cultura da litigância que precisa ser mudada para uma cultura de pacificação. Mancuso (2010) entende que a causa para o crescimento constante do número de processos judiciais é a nossa cultura demandista, que prefere a solução adjudicada, isto é, a estabelecida por decisão com a força da autoridade do juiz, alimentada pela visão equivocada do que significa acesso à Justiça, equiparada a acesso ao Judiciário, e retroalimentada por uma política errada de ampliação da estrutura do Poder Judiciário, por meio de mais recursos humanos e materiais, embasada essencialmente na quantidade de processos, sob a justificativa de se aumentar esse acesso. Para ele, o enfrentamento da crise do Judiciário tem se focado nas consequências e não nas causas, estas últimas mais relacionadas a valores e comportamentos resistentes a outros canais de solução de disputas, razão pela qual as medidas de gestão e as reformas legais adotadas, como as processuais, têm se mostrado pouco eficazes e colaborado para o agravamento da situação. Lucena Filho (n.d.) também aponta como uma das causas da crise do Poder Judiciário a cultura da litigância. Ele faz uma distinção entre cultura do conflito e cultura da litigância. A primeira diz respeito à forma como um povo lida com os conflitos, reconhecidos como inerentes às relações humanas, em busca da harmonia social, refletida nas instituições. A segunda seria uma distorção cultural e consistiria na "ideia geral inserida no (in)consciente coletivo de que todo e qualquer conflito necessita ser judicializado e resolvido sob a forma de uma solução adjudicada, isto é, dotada de força imperativa e coercitiva, fundada na lógica vencedor-perdedor" (LUCENA FILHO, n.d., p. 5).

Também incluímos nesta corrente, que podemos chamar de culturalista, Kazuo Watanabe (2005), que fala em uma cultura da sentença decorrente especialmente do ensino nas escolas de Direito que busca formar operadores do Direito voltados para a solução contenciosa e adjudicada dos conflitos de interesse, e Cahali e Rodovalho (n.d.), que afirmam imperar na sociedade brasileira uma cultura de litígio, reconhecida, inclusive, na justificativa de projetos de lei que visam a aperfeiçoar a lei de arbitragem e disciplinar a mediação. Eles apontam a necessidade de inclusão, nos cursos de Direito, de disciplina relativa a alternativas adequadas de solução de conflitos visando a mudar essa cultura.

Em que pese a enorme quantidade de litígios judiciais, que levam à impressão de que há na sociedade brasileira uma cultura de demandismo judiciário, o próprio Mancuso (2010, p.11) traz um dado, colhido por Maria Teresa Sadek e José Bastos Arantes (1994), que contradiz essa imagem: "[...] apenas 33% das pessoas envolvidas em algum tipo de conflito dirigem-se para o Judiciário em busca de uma solução para os seus problemas. A maior parte dos litígios sequer chega numa corte de justiça". Se assim é, não se pode afirmar que a cultura da litigiosidade está arraigada nos brasileiros, considerando-se que apenas um terço dos conflitos são judicializados. Evidentemente, os 67% restantes são solucionados por outros meios pacíficos, em regra, provavelmente a autocomposição, porque, do contrário, o país viveria num clima de guerra social. Os autores citados por Mancuso (2010) dizem, inclusive, que o Judiciário não é procurado mais possivelmente por descrédito na Justiça. Isto sugere que, diferentemente do pregado pelos "culturalistas", a tutela jurisdicional é requerida como *last resort*, por absoluta falta de opção ou por desinformação a respeito de outros meios oferecidos e não por culpa de uma estranha cultura em que se teima em gostar de litigar em um ambiente institucional ineficiente e frustrante. O que a observação indica como parte da cultura no Brasil, isto é, como integrante de comportamentos, conhecimentos, valores e crenças construídos ao longo da história e passados de geração a geração no âmbito da família, da coletividade, do povo, por meio da tradição oral, pela imitação e por outros meios de transmissão, é a crença de que o Estado é a tábua de salvação de todas as mazelas, e deve-se esperar das autoridades públicas a intervenção quase que messiânica na vida das pessoas a fim de resolver questões que vão do que se pode consumir, onde e quando, até quem pode produzir, o que e como. A Constituição da República, de 1988, analítica e com forte conteúdo programático, reflete bem essa cultura ao estabelecer extensa e minuciosa lista de direitos e que devem ser assegurados pelo Estado e de projetos econômicos e sociais que devem ser por ele concretizados. Portanto, se o Estado, ostensivamente, apoiar ou oferecer outros canais de solução de controvérsias além do Poder Judiciário, é provável que encontrará acolhimento popular.

É de se concordar com os culturalistas, porém, que, entre os operadores do Direito, prevalece a cultura da litigância, incutida pelas escolas de Direito, e que, em um país de bacharéis, isto reflete na coletividade, embora não ao exagero de se arraigar. Além disso, conforme já mencionado, o advogado é um dos atores que incentivam a propositura de ações judiciais, revelando a pertinência de, aí sim, mudar a cultura dos advogados, a partir de mudanças no ensino jurídico, como recomendado por eles. Essa observação indica que mudanças mais simples, em menor escala, e envolvendo um tempo menor do que a transformação da cultura de toda uma nação, podem ser realizadas a fim de diminuir a litigância judicial.

1.3 Repercussões da taxa de litigância no funcionamento do Judiciário, na sociedade e no crédito

Agora, vamos examinar as consequências que a taxa de litigância acarreta, apontadas pela literatura e por pesquisas, lembrando que, como as consequências interagem em cadeia, como a corrente de uma bicicleta ou a correia de um motor, elas podem ser, ao mesmo tempo, causa e efeito. Vamos ver que a alta litigância provoca o funcionamento inadequado do Judiciário, em que a demora no andamento dos processos é a manifestação mais evidente. E que ela também favorece a imprevisibilidade das decisões judiciais e incentiva os oportunistas, aumentando os riscos no mercado de crédito, que se refletem na disponibilidade de recursos financeiros e no seu preço traduzido em juros altos, bem como elevando a própria taxa de litigância judicial.

Os bancos e consumidores, bem como o Poder Judiciário, encontram-se aprisionados a um círculo vicioso no qual as circunstâncias e as estruturas social, política e econômica são combustíveis para os conflitos que reinflamam aquelas circunstâncias e reforçam aquelas estruturas, revelando-se uns e outros ao mesmo tempo agentes e vítimas do estado das coisas que está se tornando insustentável.

Nesta situação, o Poder Judiciário vai deixando de cumprir, gradativamente, o seu papel de pacificador social, perdendo a sua capacidade de solucionar conflitos em tempo razoável e de forma condizente com as expectativas da comunidade, e, consequentemente, vai vendo esvair-se a sua credibilidade, pondo em risco a estabilidade mínima e necessária à convivência social.

José Eduardo Faria (2008, p.59, grifos do autor), a propósito, faz a seguinte consideração:

> Como essa busca de proteção judicial conduz a uma verdadeira corrida a todos os setores e instâncias do Judiciário, por parte da sociedade, e a instituição não está preparada para dar conta dessa avalanche de novos processos, em termos organizacionais, operacionais e financeiros, quanto mais cidadãos e empresas a procuram, mais ela revela dificuldades para cumprir as suas funções básicas: (a) a função *instrumental*, de dirimir litígios, neutralizar conflitos e manter as estruturas sociais sob controle; (b) a função *institucional*, de reforço da legitimação e eficácia do sistema político; e (c) a função *simbólica*, de efetivação das orientações sociais, por meio de decisões exemplares e de uma jurisprudência clara e uniforme.

De um lado, há a conhecida lentidão no andamento dos processos, em parte criada pelo excesso de formalismo e de recursos, em parte pela alta taxa de litigância, com destaque para as ações judiciais repetitivas resultantes da massificação dos bens de consumo e, no que aqui nos interessa particularmente, da ampliação da oferta de crédito. A par do fato de que justiça tardia resulta em injustiça, essa demora na solução de conflitos de interesse provoca insegurança nas relações jurídicas e estimula a desconfiança entre os agentes e em relação às instituições, tanto em seu sentido econômico quanto jurídico, em detrimento do desenvolvimento do País. Trata-se da denominada *jurisdictional uncertainty*, que assusta os mercados que demandam segurança e previsibilidade. Basta, a título de exemplo, citar a ansiedade criada no sistema financeiro nacional com o trâmite da

ADPF 165, aguardando julgamento pelo Supremo Tribunal Federal (STF), envolvendo os chamados "expurgos inflacionários" decorrentes de planos econômicos das décadas de 1980 e 1990, com a possibilidade de reverter situações consolidadas há décadas e com repercussões financeiras impactantes, que, se não abalam o sistema, terão, contudo, efeitos perniciosos na disponibilidade do crédito e no seu preço. Como anota Max Weber (apud TRUBEK, 2007, p. 168), a operação do sistema capitalista depende de alto grau de certeza assegurado pelo ordenamento jurídico, seja por meio da coação estatal seja pela previsibilidade:

> A racionalização e a sistematização do direito em geral e [...] uma crescente calculabilidade do funcionamento do processo jurídico em particular, constituíram uma das mais importantes condições para a existência de [...] empreendimentos capitalistas, que não podem passar sem segurança jurídica.

E, como pontua Emerson Fabiani (2011), citando Douglass North (1996), instituições importam porque elas reduzem custos de transação e incertezas surgidos em razão de percepções da realidade incompletas e de informações limitadas, estimulando comportamentos que favoreçam a interação humana e punindo condutas que a prejudicam[12].

Douglass North (2007), encabeçando a corrente de economistas neoinstitucionalistas, tem razão ao observar que a interação humana é marcada pelas incertezas resultantes da capacidade limitada do ser humano de obter e de processar informações a respeito da pessoa com quem está interagindo, do objeto do negócio, dos seus direitos e da forma como defendê--los, e que lhe permitam tomar a decisão mais adequada à realidade dos fatos, de modo a maximizar o seu bem-estar e a sua riqueza. Primeiro, há uma limitação biológica: o cérebro humano, por meio dos sentidos que lhe servem de canais de percepção, não consegue captar completamente

---

[12] "Ainda segundo North, numa perspectiva de longo prazo, as instituições são determinantes fundamentais para explicar a diferença de desempenho entre países: 'Países do Terceiro Mundo são pobres porque as restrições institucionais definem um conjunto de recompensas para a atividade econômica/política que não estimula a atividade produtiva'. Já os países desenvolvidos, ao investirem em regras voltadas para a proteção dos direitos de propriedade e para o cumprimento dos contratos, cultivaram instituições capazes de fomentar o crescimento econômico" (NORTH, 1996, p. 110, apud FABIANI, 2011, p. 44-45, tradução minha).

o ambiente em que a pessoa está inserida, e compreende a realidade de forma que varia de pessoa para pessoa. Segundo, há limitações relativas aos recursos necessários para a obtenção das informações, bem como para a sua disponibilização, também variáveis, uma vez que há um custo tanto para quem as possui quanto para quem delas necessita e que integra os custos de transação[13]. As instituições, que consistem em toda forma de restrição à conduta do ser humano, estabelecida pelo próprio ser humano visando a moldar a interação humana (NORTH, 2007), como códigos de conduta, costumes, leis, religiões, ideologias, contratos etc., contribuem para minimizar as incertezas, os riscos[14] e os custos de transação porque elas servem de guia para as pessoas, suprindo, ao menos em parte, a assimetria de informações, definindo e limitando escolhas, e punindo violações. Colaboram, assim, para, diminuindo incertezas e distribuindo riscos, diminuírem conflitos. Em um contrato de mútuo, por exemplo, o banco que irá emprestar não tem informações integrais a respeito do tomador do empréstimo e de sua capacidade de pagamento. Ele procurará obter o máximo de informações a respeito, com o próprio tomador, e por outros meios, como os seus cadastros – pode ser um cliente de longa data e sabidamente bom pagador, ou um novo cliente com histórico completamente desconhecido –, e também o Sistema de Informações de Crédito do Banco Central (SCR), criado pelo órgão regulador para registro e consulta de operações de crédito, avais e fianças prestados e limites de créditos concedidos por instituições financeiras a pessoas físicas e jurídicas, que tem como finalidade ser instrumento de gestão de riscos. Ele decidirá se emprestará ou não e em que condições, a partir de uma avaliação de riscos e de custos embasada nas informações obtidas. Procurará impor regras contratuais que, limitando as escolhas do mutuário sobre os valores que serão objeto do empréstimo, a forma de pagamento, o número de parcelas, os juros, o índice de correção monetária e as garantias, e fixando sanções contratuais para o caso de descumprimento das obrigações, minimizem seus riscos e custos e ampliem seus ganhos. Já o mutuário, em geral pessoa física com escassa educação financeira ou pequenas empresas, ambas com pouco ou nenhum poder de negociação, limita-se a aderir ao contrato, embora possa,

---

[13] O custo de transação consiste no custo da avaliação dos atributos do objeto do negócio, da proteção dos direitos decorrentes desse negócio, do monitoramento da execução do contrato e do seu *enforcement*.

[14] Riscos são incertezas quantificáveis ou precificáveis.

por exemplo, escolher a instituição financeira com quem irá contratar a partir de informações, disponibilizadas pelo Banco Central, sobre tarifas cobradas. Neste caso, leis como o Código de Defesa do Consumidor vêm em proteção do mutuário, buscando suprir assimetrias de informação e falhas contratuais, ao impor limites à conduta dos bancos, exigindo deles a disponibilidade de informações claras e coibindo cláusulas abusivas, oferecendo ao consumidor maior segurança e diminuindo os seus custos de transação. Entretanto, pouco ou nada valerão o contrato de mútuo e as leis se as regras ali estabelecidas não forem observadas e se não for possível forçar, por meios legalmente previstos, o cumprimento das obrigações pactuadas. É o problema do *enforcement*, que depende da cooperação das partes. Para que as instituições importem e cumpram o seu papel, são indispensáveis organizações que a suportem e que façam cumprir as limitações fixadas.

Se, adotando a analogia feita por North, as instituições são as regras do jogo e as organizações, os jogadores, pode-se dizer que o Poder Judiciário é o principal árbitro da partida. Se o árbitro for incapaz de acompanhar a velocidade dos jogadores, ele será igualmente incapaz de perceber os fatos do jogo e de decidir com segurança e justiça, e o enfrentamento entre os times fatalmente atingirá o descontrole e ampliará o combate para a torcida, criando um pandemônio. Essa analogia esportiva pode parecer exageradamente alarmante, mas não vai aí exagero algum. Os conflitos individuais e sociais, noticiados diariamente nos jornais, em que a violência é a marca, revelam o déficit do Estado em matéria de segurança e justiça.

Não é indispensável concordar com North para concluir que o nível de litigância existente no Brasil é anormal e que há algo errado com as instituições e com o comportamento das organizações. O próprio senso comum percebe isto e indica que correções urgentes precisam ser feitas.

Jairo Saddi (2007) anota que há uma relação entre o Poder Judiciário e desenvolvimento: se o Poder Judiciário é forte e aplica bem as leis, ou seja, protege o direito de propriedade por elas assegurado, com agilidade, a um custo baixo para o credor, com previsibilidade, coerência e consistência, e neutralidade – no sentido de que as decisões do juiz são formuladas com base na lei e não na influência de elementos alheios a ela, como suas convicções ideológicas ou suas afinidades com outros atores, por exemplo –, ele contribui para o desenvolvimento do mercado. Se ele é fraco, pouco vale a existência de boas leis para tirar o país do atraso

O Judiciário brasileiro, hoje, passa a sensação de que ele não contribui para tornar as instituições mais eficientes e é um obstáculo ao desenvolvimento do país. A par da morosidade, há uma percepção por parte de empresários e de economistas de que os juízes brasileiros possuem um viés antimercado, ou, mais precisamente, anticredor (ARIDA; BACHA; LARA-RESENDE, 2004). Essa crítica aos juízes brasileiros é contestada por Joaquim Falcão, Luiz Fernando Shuartz e Diego Werneck Arguelhes (2006), que dizem ser embasada em uma análise econômica sem fundamento empírico, e que desconsidera o funcionamento do sistema jurídico e a forma como os juízes decidem. Esses autores apresentam argumentos bastante ponderáveis, mostrando que o modo de decidir dos juízes é complexo, influenciado por diversos fatores, como por leis criadas pelo Poder Legislativo que protegem devedores, pela litigiosidade da administração pública e pela ambiguidade e abusividade presente em contratos como os de crédito. De fato, as decisões dos juízes parecem ser reflexo de uma postura que aparenta predominar na sociedade brasileira, como observam Franco e Rosman (2009, p. 6-7, grifos dos autores):

> As associações entre *rule of law*, enquanto elemento fundamental do 'clima de negócios', e o crescimento econômico estão sobejamente estabelecidos na literatura. E o Brasil não possui uma boa posição nos rankings pertinentes a *rule of law* e 'clima de negócios'. Para as etapas que se apresentam do desenvolvimento brasileiro, deveríamos pensar em regulação 'pró-iniciativa privada' e não contra.

Porém, ainda que não seja verdadeira a afirmação de que o Poder Judiciário tem um viés anticredor, existe a percepção de que juízes intervêm nas relações contratuais em prol do devedor, especialmente nas relações de consumo, para anular ou modificar cláusulas sob a égide de princípios de direito tão vagos como o da função social do contrato, sem atentarem para as consequências econômicas de suas decisões, tais como a manutenção da média dos juros nas alturas e a permanente escassez de crédito de longo prazo (AITH, 2000)[15]. Tal percepção, ainda, incentiva os clientes

---

[15] Na pesquisa realizada por Aith (2000), com organização de Castelar, foram entrevistados apenas seis diretores de instituições financeiras. Esse número decorreu, segundo os pesquisadores, da pequena disponibilidade de administradores de bancos para concederem as entrevistas e responderem aos questionários. Os entrevistados apontaram o mau funcionamento

bancários, por vezes com razão, mas nem sempre, a buscarem a proteção do Poder Judiciário, sustentando ou ampliando a alta taxa de litigância que tanto irrita o próprio Poder Judiciário, criando risco jurídico que também reflete no valor da remuneração do crédito, isto é, nos juros, uma vez que o credor, no caso o banco, ciente dos óbices que enfrentará para cobrar o seu crédito, alocará no preço da moeda o risco de não receber o que lhe é devido ou de recebê-lo a destempo, somente após anos de lide[16], indiferente ao bom pagador por temor do mau devedor que se apoia em um ambiente que o favorece e em um Poder Judiciário, se não condescendente, lento. Vale lembrar que os juros correspondem ao preço pago pelo uso da moeda no tempo, cuja fixação leva em conta não só o fato de o emprestador ter se privado de usá-la no presente, mas também assumido o risco de não recebê-la de volta no futuro. Na composição do *spread* bancário, recebido como pagamento pela intermediação, e que representa a diferença entre a taxa de juros cobrada pelo banco do tomador do empréstimo e a paga pelo banco ao poupador que lhe confiou os seus recursos, também se encontra presente o prêmio pelo risco, o custo da inadimplência. Segundo o ministro Carlos Alberto Menezes de Direito, no acórdão do Resp nº 271.214, proferido pelo Superior Tribunal de Justiça:

> A taxa de risco, por sua vez, decorre dos prejuízos que a instituição tem com os devedores que não pagam ou demoram excessivamente para quitar suas dívidas. O descumprimento da obrigação por parte deste, obviamente, tem reflexo obrigatório no custo do dinheiro emprestado a todos os mutuários, sobretudo num período de alto índice de inadimplência, para viabilizar possa a instituição remunerar as fontes de custeio pelos índices respectivos e pagar as despesas administrativas e tributárias (BRASIL, 2003, p. 33).

Percebe-se, portanto, que a alta litigiosidade envolvendo bancos e seus clientes repercute em toda a economia nacional, colaborando para que

---

do Judiciário e a politização e a predisposição dos juízes contra bancos como algumas das causas da limitação da expansão das atividades do setor e do aumento do *spread* em até 30%. A amostra é bastante limitada para se afirmar que é a percepção de todo um setor. Entretanto, é um indício a ser considerado.

[16] Na mesma pesquisa de Aith (2000), organizada por Castelar, fala-se que uma ação de cobrança ou uma execução pode durar até oito anos.

a concessão de crédito e o seu preço fujam aos padrões internacionais desejáveis, limitando em demasia os investimentos necessários ao desenvolvimento do país – certo que juros nas alturas atraem especialmente capital especulativo –, bem como a inclusão financeira de grande parcela da população, que, quando estimulada a consumir, acaba caindo no superendividamento.

Extrai-se, desse contexto, que, em que pese o problema da alta litigância no âmbito do Poder Judiciário ser apenas um dos fatores que alimentam o ambiente de juros altos e de crédito de longo prazo escasso, que, por sua vez, estimula essa litigância, atacá-lo é relevante para se romper o círculo vicioso sugerido e contribuir para modificar o cenário e favorecer uma economia mais equilibrada e dentro da normalidade.

Um modo de se diminuir a taxa de litigância no âmbito do Poder Judiciário seria transferir para entes extrajudiciais aqueles grupos de litígios que não requerem um meio tão complexo e com rigor tão formal para sua solução. Evidentemente, não se proporá aqui a simples transferência do problema da esfera judicial para outra esfera, levando para lá as causas que acarretam a morosidade e a incerteza jurídica e, como consequência, nada alterando as repercussões negativas já mencionadas. Trata-se de procurar o meio mais adequado a cada tipo de controvérsia e, consequentemente, mais ágil e eficiente para a sua resolução. E aqui a palavra-chave é adequação. Preferimos falar em "mecanismo adequado de solução de controvérsia" em vez de "mecanismo alternativo de solução de controvérsia". Haverá aqueles litígios que somente por meio da tutela jurisdicional serão apaziguados, aqueles em que as causas da deterioração da relação são de tal complexidade ou gravidade que não há diálogo possível e que só uma decisão impositiva da autoridade pública, após o uso de todos os recursos compatíveis com a dimensão da disputa, fará com que uma das partes saia satisfeita, e a outra, resignada. Outros, porém, talvez a maior parte, precisarão, para serem evitados ou eliminados, nada além de uma conversa com uma pessoa disposta a ouvir o reclamante e a prestar-lhe esclarecimentos claros e compreensíveis, e capaz de conduzir um diálogo entre os litigantes que leve a um acordo que satisfaça a ambos, ou até com uma pessoa a quem as partes em comum acordo atribuam poderes para dizer quem está com a razão, confiando em sua imparcialidade e expertise.

Vamos pesquisar, portanto, um mecanismo que seja adequado às disputas que surgem no âmbito do setor bancário brasileiro, isto é, que seja não apenas uma alternativa que vise a aliviar o Poder Judiciário, mas que também, ao obter soluções céleres, justas e coerentes, e a custos menores do que os benefícios, seja eficiente na ampliação da confiança entre bancos e consumidores bancários, de modo a impactar positivamente no crédito. A nossa hipótese é de que o ombudsman bancário apresenta características que o indicam como mecanismo adequado, desde que a regulação estruture apropriadamente o instituto e motive as partes nas relações de crédito a utilizá-lo. É o que vamos explorar, em seguida.

2 O OMBUDSMAN BANCÁRIO

2.1 O ombudsman bancário: mecanismo alternativo e adequado de solução de controvérsia

Aqui, passamos a descrever a história, as características e o papel do ombudsman, primeiro, sob o aspecto geral e, depois, sob o relacionado com o setor bancário, a fim de mostrar que, mais do que um mecanismo alternativo e necessário de solução de controvérsias, ao judicial, ele pode ser o adequado quando se trata de disputas nesse setor.

Não é de hoje que a literatura vem apontando os meios alternativos de solução de controvérsia como forma indispensável de, se não eliminar, minimizar a denominada "crise do Judiciário" brasileiro. Já Ada Pelegrini Grinover (1988), em artigo de 1988, realçava a importância das vias alternativas ao processo para evitá-lo, como a conciliação extrajudicial, anotando que está superado o pensamento segundo o qual os métodos informais de solução de controvérsias eram próprios de sociedades primitivas e que apenas o processo judicial era adequado ao estágio civilizatório presente. Ela assinala, em defesa das resoluções fora do processo judicial, que principalmente os países desenvolvidos têm optado pela "cultura da conciliação". Kazuo Watanabe (1988), por sua vez, assinala que há conflitos que requerem estrutura menos formal e pesada que a oferecida pela Justiça, isto é, reclamam estrutura mais leve e ágil, tais quais os conflitos de pequena expressão econômica, que são os mais corriqueiros e de ocorrência múltipla. E naqueles entre pessoas que mantêm contato permanente – como é o caso de bancos e seus clientes, em que a relação jurídica é continuativa –"a mediação e a conciliação são adequadas, pois não somente solucionam o conflito como têm a virtude de pacificar os conflitantes" (WATANABE, 1998, p. 132). O processualista pontua (1988, p. 133):

> Incumbe ao Estado organizar todos os meios alternativos de solução de conflitos, ao lado dos mecanismos tradicionais e formais já em funcionamento. Tais serviços, que podem ser informais, não precisam estar organizados dentro do Poder Judiciário. Podem ficar a cargo de entidades públicas não pertencentes ao Judiciário (v.g., Ministério Público, Ordem dos Advogados do Brasil, Procon, Defensoria Pública, Procuradoria de Assistência Judiciária, Prefeituras Municipais) e até de entidades privadas (v.g., sindicatos, comunidades de bairros, associações civis). É importante que o Estado estimule a criação desses serviços, controlando-os convenientemente, pois o perfeito desempenho da Justiça dependerá, doravante, da correta estruturação desses meios alternativos e informais de solução dos conflitos de interesse.

O Banco Mundial (2004), em relatório de 2004 que analisa o que ele denomina "crises do Judiciário" brasileiro para mostrar que os problemas enfrentados pelo nosso Poder Judiciário não são uniformes em todos os seus órgãos, relata que a Justiça estadual, nos 10 anos anteriores, foi a que teve o maior crescimento de números de processos, tendo o número de ações recebidas por juiz praticamente dobrado nesse período, alcançando volume recorde na América Latina. No caso dos Juizados Especiais federais e estaduais também houve um acúmulo cada vez maior de carga de trabalho decorrente de processos que, aparentemente, não seriam instaurados se esse órgão judiciário não existisse, e que o são, por influência do baixo custo, resultado da desnecessidade de advogado para ali postular, e do pequeno valor em jogo. O Banco Mundial (2004) recomenda, quando trata da crise relacionada com os Juizados Especiais estaduais, cujas ações de maior importância em sua jurisdição são as de consumidores, o uso maior de formas alternativas de solução de controvérsias, como os serviços de conciliação.

Também o CNJ (2011), a partir das análises feitas pela pesquisa da FGV--SP, assinala a necessidade de implementação, melhoria e utilização de canais de atendimento extrajudiciais, como as agências bancárias, o SAC e as ouvidorias. A propósito, disseram Daniela Gabbay e Luciana Cunha (2012, p. 147):

> O estudo de caso demonstrou ser de grande relevo o estudo do papel e da efetividade dos canais de atendimento disponibilizados pelas instituições financeiras, enquanto vias extrajudiciais de resolução de problemas relacionados a produtos bancários.

Há de se buscar, portanto, um canal que ofereça às instituições financeiras e aos consumidores de seus produtos e serviços uma opção eficiente e confiável de solução de controvérsias que torne menos atraente a procura de tutela jurisdicional, inclusive dos Juizados Especiais Cíveis. As matérias identificadas anteriormente como objetos de boa parte dos conflitos envolvendo bancos e seus clientes não requerem, em princípio, um aparato estatal da dimensão do Poder Judiciário, com uma estrutura burocrática grande e pesada. Além disso, o Poder Judiciário está submetido a regras processuais rigorosas, inadequadas para causas que não precisam de uma instrução probatória mais aprofundada ou complexa com perícia, por exemplo, e que poderiam ter solução de forma bem mais simples, barata e célere[17]. Se o cliente questiona a cobrança de uma tarifa x, ou o valor dessa tarifa, não parece, em tese, que a verificação da validade

---

[17] Não foram encontrados dados sobre o custo dos processos judiciais e o seu tempo de tramitação em média global. O que se tem é uma impressão decorrente da experiência de advogados, que mencionam de 5 a 10 anos, mas sem valor científico, porque sem comprovação. Há um estudo do Ipea, disponível em: <http://www.cnj.jus.br/images/pesquisas-judiciarias/Publicacoes/relat_pesquisa_ipea_exec_fiscal.pdf>, acesso em: 13 out. 2014, sobre tempo de tramitação e custo de processos de execução fiscal na Justiça Federal de primeiro grau, que seriam, respectivamente, cerca de oito anos e R$ 4.368,00, segundo critério vinculado ao fator mão de obra, mas que não é relevante para o presente estudo por ser bastante específico e por tratar de tipo de processo que não envolve as relações jurídicas aqui examinadas. O Tribunal de Justiça do Distrito Federal e territórios informa que um processo em 2º instância, tramitando naquela Corte, dura da distribuição até o fim da tramitação, em média, 147 dias e custa R$ 947,00, baseado em dados anuais de 2004 a 2008. Porém, deve-se estar atento ao fato de que essa média refere-se a 10 tipos de processos em que um mandado de segurança é o mais caro (R$ 2.103,80) e o *habeas corpus*, o mais barato (R$ 267,90). Disponível em: <http://www2.tjdft.jus.br/noticias/noticia.asp?codigo=16300>. Acesso em: 13 out. 2014. Trata-se, entretanto, de amostra que não permite visualizar a realidade global, tendo em vista cuidar-se de um entre os 27 tribunais estaduais e considerado de médio porte.

da cobrança exija mais do que o exame do que consta no contrato à luz das regras do CDC, do CMN e do Banco Central, e que os cálculos estão aritmeticamente corretos segundo os índices aplicáveis ao caso – o que, muitas vezes, se resolve com a simples inserção dos números em uma planilha previamente elaborada com base nos padrões estabelecidos pela lei ou mesmo pelos tribunais. Do mesmo modo, se ele alega que não autorizou determinado débito ou que não efetuou específico saque em um caixa eletrônico, é fácil constatar a veracidade da alegação diante da sofisticada tecnologia que os bancos possuem e da disponibilidade de dados que ela lhes oferece, capaz, inclusive, de desenhar um perfil do cliente a partir dos seus hábitos financeiros e pelo tipo e valor de gastos que costuma realizar. Mais complicado poderá ser, por exemplo, no caso de abertura de conta em nome do reclamante por terceiros que utilizaram documentos falsos, por, eventualmente, a decisão depender de uma perícia técnica. Mas, e se desde logo constatar-se que é evidente a falsificação por grosseira? Por que não se chegar a uma solução imediata?

Quais são os canais extrajudiciais atualmente oferecidos, no Brasil, para a solução desse tipo de litígio? O consumidor bancário que se sentir lesado em seu direito, como qualquer outro consumidor, pode socorrer-se dos sistemas de atendimento ao consumidor ou cliente (SACs), oferecidos pelas próprias fornecedoras de produtos e serviços, inclusive bancos, que se encontram regulamentados pelo Decreto nº 6.523, de 31 de julho de 2008. O SAC é um serviço telefônico gratuito, por meio do qual podem ser obtidas informações, tiradas dúvidas, feitas reclamações e canceladas ou suspensas contratações. As limitações desse serviço são evidentes: não há quem não se incomode com a surdez do menu eletrônico; os atendentes, por sua vez, não possuem qualquer poder de negociação ou de oferecimento de solução que não esteja na cartilha, no manual, e atuam apenas como mensageiros entre o cliente e a empresa.

O consumidor pode valer-se, também, de órgãos que fazem parte do Sistema Nacional de Defesa do Consumidor, ou seja, Procons, Ministério Público, Defensorias Públicas e entidades civis de defesa do consumidor. Esses canais, porém, por sua natureza, tendem a ser parciais e a atuar como representantes de uma das partes, o consumidor, e recorrem, comumente, à solução judicial.

No caso dos conflitos envolvendo bancos e consumidores de seus serviços e produtos, é recomendável que o canal, a par de neutro, seja especializado e atue no âmbito do Sistema Financeiro, motivo pelo qual é melhor que não seja o Ministério Público, os Procons, sindicatos ou associações civis com perfis generalistas. Com efeito, um mediador, um conciliador ou um árbitro deve ser imparcial e deve conhecer com maior profundidade o funcionamento das instituições financeiras, as especificidades dos produtos e serviços por elas oferecidos para ter melhores condições de compreender o litígio em toda a sua dimensão, de comunicar-se com ambas as partes com precisão e clareza, de influenciá-las no encontro de uma solução satisfatória para ambas e de decidir com equidade e sem preconcepções.

Em trabalho mais recente, acerca das boas práticas de proteção do consumidor bancário, o Banco Mundial (2012) relaciona, entre elas, a existência, nas instituições financeiras, de procedimento interno que ofereça ao consumidor um primeiro canal para reclamações que permita a ele se sentir recompensado por eventual dano e seguro de que a controvérsia será adequadamente resolvida, o que fortalece o relacionamento da instituição com o cliente e a confiança no sistema financeiro, e diminui os custos da resolução. Acrescenta que, no caso de não se chegar a uma solução por essa primeira via, o sistema deve disponibilizar ao cliente do banco recurso a uma terceira parte independente e imparcial, isto é, ao ombudsman bancário ou à instituição equivalente, a ser orientado por código de condutas claro e contratos padronizados, e que profira decisões vinculativas para o banco e cuja execução seja garantida:

> Assim, mais e mais sistemas bancários pelo mundo procuram instituir órgãos de ombudsman para lidar de forma rápida, independente, profissional e barata com disputas envolvendo consumidor não resolvidas internamente pelos bancos. O estabelecimento e a manutenção desses órgãos são agora geralmente considerados requisitos fundamentais para a firme proteção do consumidor. Um ombudsman pode também identificar reclamações que são poucas em quantidade mas de alta importância para a confiança do consumidor no sistema financeiro, e, deste modo, capacitar as autoridades relevantes a tomarem medidas efetivas para corrigirem a situação (BANCO MUNDIAL, 2012, p. 27, tradução minha).

O que é o ombudsman? O ombudsman é uma instituição cujo formato inicial foi desenhado na Suécia do século XVIII, quando o Rei Carlos XII, por estar comandando o seu exército em batalhas no exterior, designou funcionário de sua confiança para exercer, como seu "delegado", o controle das atividades dos juízes, dos coletores de impostos e de outros funcionários da administração pública (LEITE, 1975). Depois, a Constituição sueca de 1809 criou a figura do *Justitie ombudsman*, delegado vinculado ao Parlamento, visando a supervisionar a legalidade dos atos dos juízes e dos demais servidores públicos, bem como a sua imparcialidade e diligência (LEITE, 1975).

A instituição evolui de modo que a sua preocupação fundamental passou a ser a proteção dos direitos do indivíduo e, com essa característica, foi extrapolando gradativamente os limites da Escandinávia para ser adotada pelo mundo afora (AMARAL FILHO, 1993). A Suécia foi o único país a possuir essa instituição durante um século. O primeiro país a seguir o modelo sueco foi a Finlândia, em 1919, com adequações ao seu regime político. Depois veio a Dinamarca, em 1946. A partir da década de 1960, a ideia espalhou-se pelos vários continentes, a começar pelos países da *Commonwealth*, como a Nova Zelândia, em 1962, e o Reino Unido, em 1967, depois acolhida na França, como Mediador da República, em 1973, em Portugal, como Provedor de Justiça, em 1975, e na Espanha, como *El Defensor del Pueblo*, em 1981, cujo modelo foi seguido na América Latina, com o Chile e a Guatemala à frente, em 1985 (DIAW, 2008).

Pelo visto, o exercício das atividades de ombudsman inicialmente surgiu como uma função pública, de controle da própria administração, que foi adquirindo relevância cada vez mais ampla como canal para fluxos de reclamações na mesma proporção em que, de um lado, o Estado foi se agigantando e afetando a vida das pessoas, e, de outro, o regime democrático e o império das leis foram reagindo aos abusos de autoridade praticados por servidores do Estado e se solidificando. Conforme observa Celso Barroso Leite (1975, p. 25, grifo do autor):

> Em verdade, é esta uma das principais, se não a mais importante, entre as funções do Ombudsman: procurar fazer com que o cidadão receba do Estado, através do serviço público, a eficiente atenção a que tem direito, não sendo por outro motivo que vários autores e estudiosos o denominam 'defensor' ou 'protetor' do povo.

No Brasil, a Constituição de 1988 preferiu que funções próximas às do ombudsman, de controle da legalidade dos atos administrativos e de zelo

pelo respeito dos Poderes Públicos aos direitos constitucionalmente assegurados, fossem atribuídas aos tribunais de contas e aos órgãos do Ministério Público. Em relação ao Poder Executivo federal, especificamente, foram
criadas a Controladoria-Geral da União, e inserida nela a Ouvidoria-Geral
da União e a Corregedoria-Geral da União, como entes de mediação entre
o cidadão e a administração pública e de controle interno. Também estados da Federação e municípios, bem como agências reguladoras e outros
entes da administração indireta, optaram pela criação de ouvidorias em
vez da instituição de departamentos de ombudsman.

Esse modelo vem sendo imitado, com as devidas adaptações, pelo setor
privado, voluntariamente, ou por imposição de agências reguladoras, con-
trariamente ao que costuma acontecer, pois, em regra, é o setor público
que se inspira na iniciativa privada. Isto porque o consumidor passou a ter
os seus direitos básicos reconhecidos, no caso brasileiro pela Constituição
da República, em seu art.170, V, e pelo Código de Defesa do Consumidor
(Lei nº 8.078, de 11 de setembro de 1990), a ser mais bem informado a respeito da proteção desses direitos, e, em decorrência, a reclamar mais, o que
vem exigindo das empresas uma mudança de comportamento em relação
aos seus clientes a fim de minimizar os seus riscos, a começar pelo de imagem e o de serem processadas e condenadas judicialmente.

> O conceito de comprar o que era exposto, sem reclamar, acaba
> como o amadurecimento do cliente e a divulgação do Código de
> Defesa do Consumidor. [...] A década de 90 chegou com o papel de
> conscientizar o cidadão daquilo que está consumindo e, como parte
> dessa orientação, entrem em cena nas empresas mais preocupadas
> com sua permanência no mercado a figura do ombudsman (GIAN-
> GRANDE; FIGUEIREDO, 1997, p. 23).

Depois, várias empresas perceberam que, em um ambiente de forte
competitividade, elas deveriam buscar o fortalecimento da relação com o
cliente e incentivar a fidelização, por meio de operações que visem à satisfação do cliente, sob pena de perderem mercado ou mesmo de não sobreviverem em face da concorrência. Para tanto, começaram a compreender
que precisam conhecer as necessidades e opiniões de seus clientes e que
o ombudsman pode ser o canal de comunicação entre a empresa e o consumidor dos seus produtos ou serviços (SANTOS; GHISI, 2006).

Mariteuw Chimère Diaw (2008, p. 2, tradução minha, grifos meus) assim conceitua a expressão:

> O termo "ombudsman" refere-se a um funcionário independente nomeado para receber, investigar e dar encaminhamento a reclamações sobre ilicitudes na administração dos serviços públicos. Um ombudsman trabalha em benefício do público e usualmente tem autoridade para realizar investigações por sua própria iniciativa.

Embora a citação anterior faça referência ao ombudsman do setor público, o conceito e as considerações valem também para o ombudsman que atua no setor privado, que deve ser dotado de autoridade para decidir, em última instância, a respeito da reclamação e da forma de reparação, ter independência para sugerir mudanças, mesmo quando elas possam contrariar interesses, e oferecer suporte moral e por meio de recursos humanos e físicos a fim de que ele possa cumprir a sua dupla missão de representar o cliente e de atuar como catalisador de mudanças na empresa (GIANGRANDE; FIGUEIREDO, 1997, p.67).

No Brasil, comumente, usa-se a expressão "ouvidor" ou "ouvidoria" no setor público e "ombudsman" no setor privado. A nomenclatura, entretanto, importa pouco, variando de país a país, conforme a conveniência e a cultura de cada um – chanceler de Justiça, mediador da República, defensor do povo, comissário parlamentar para a administração, *Control Yuan* – embora a referência seja o ombudsman. O relevante, na verdade, é que, apesar das variações resultantes das diversidades culturais e jurídicas, estejam, em essência, entre as funções exercidas pelo órgão ou departamento as descritas a seguir:

- Recebimento de reclamações do cidadão ou do cliente contra as entidades em relação às quais possua competência para atuar por força de lei ou de contrato.
- Investigação de eventuais irregularidades ou falhas no serviço e vícios no produto, por provocação ou de ofício.
- Correção de erros cometidos em relação ao cidadão ou ao cliente.
- Recomendação de reparação de danos.

- Recomendação de punição de funcionário faltoso.
- Proposição de mudanças legislativas ou organizacionais, visando a eliminar ou prevenir irregularidades ou falhas, visando a melhorar serviços e produtos, bem como equilibrar e solidificar as relações com os cidadãos ou com os consumidores.
- Elaboração e divulgação periódica de relatórios dirigidos aos responsáveis pela direção e administração do ente público ou da empresa.

Uma função que aqui merece destaque, embora não seja tratada como a principal pela literatura examinada, é a de facilitador da solução de conflitos. A entidade e o usuário encontram no ouvidor uma oportunidade para evitarem o agravamento do litígio e a deterioração total do relacionamento entre eles, com as repercussões negativas conhecidas: para a primeira, o fim de um negócio e o comprometimento da imagem; para o outro, insatisfação, quando não revolta e indignação, que acaba sendo levada aos tribunais na forma de pedidos indenizatórios, especialmente por danos morais. Hélio José Ferreira e Hilma Araújo dos Santos (2011, p. 1) observam que:

> De pronto, o que se questiona é como tudo isso pode vir a afetar o objetivo da organização e como aproveitar a oportunidade para ir além da solução de um conflito que já se encontra num limite crítico. Ora, o simples fato de o cidadão ainda ter buscado a ouvidoria deve ser interpretado como indicativo do desejo de continuidade no relacionamento, isto é, a confiança, apesar do desgaste, ainda pode ser resgatada. No caso da empresa privada, a última oportunidade para que possa sanar administrativamente o conflito e, consequentemente, evitar uma pendência judicial.

> A busca de solução de conflitos pela via judicial acarreta, sem dúvida, desgaste para ambas as partes, além de impor ônus financeiros que podem perfeitamente ser evitados. Ademais, as consequências desse tipo de disputa podem repercutir negativamente na imagem e nos resultados financeiros da empresa. Tudo isso, como já dito, pode ser evitado e ainda revertido em benefício de todos, principalmente para a preservação do negócio.

Tecnicamente, pode-se dizer que o ombudsman age mais como um conciliador do que como um mediador, porque ele não se limita a incentivar as partes a encontrarem, elas mesmas, a solução para o conflito. O ombudsman vai além e intervém oferecendo a solução amigável que poderá resgatar a confiança e permitir a continuidade da relação em bons termos. Entretanto, em geral, ele não exerce o papel de árbitro, à míngua de poderes decisórios vinculativos[18].

Diaw (2008) observa que o atributo fundamental de todo ombudsman, em teoria, é a independência, e que a ela se soma a capacidade de influência, características que variarão conforme as circunstâncias em que o ombudsman trabalha, a exemplo do grau de sua autoridade, da cultura comportamental e política dos atores e da força das leis, como também segundo a sua conduta ética e o seu estilo de trabalho. Esses fatores contribuirão para que o ombudsman seja mais forte ou mais fraco, e cumpra bem ou não cumpra a sua missão. Segundo ela (DIAW, 2008), citando Fredrik Uggla (2004), existem quatro tipos ideais de ombudsman, conforme varia o nível de sua independência e da sua capacidade de influência:

- Ombudsman propriamente dito: forte nas duas dimensões, isto é, independente e influente.
- Instrumento político: poderoso influenciador, mas sem independência.
- *Dead-end street*: autônomo, mas sem influência.
- De fachada: sem independência e sem influência.

José S. Paoli (2009), por sua vez, considerando o âmbito geográfico de atuação e as características institucionais e a tradição do país onde o ombudsman atua, faz a seguinte classificação tipológica:

- Ombudsman clássico ou tradicional: atua em todo o território do país, ou do ente federativo, na defesa dos interesses dos cidadãos, e dirige processos decorrentes de reclamações provocadas pela conduta inadequada do Estado perante o cidadão. Pode ser federal,

---

[18] Na experiência internacional, como se verá adiante, há modelos em que o ombudsman bancário atua como árbitro.

estadual ou municipal, como também limitado a áreas de grupos específicos, como de aposentados ou de crianças.

- Ombudsman de indústria ou de setor: atua recebendo reclamações de usuários em relação a uma multiplicidade de prestadores de um tipo específico de serviços ou produtores de um mesmo setor industrial, a exemplo do ombudsman vinculado a uma agência reguladora que defende os consumidores das empresas reguladas.
- Ombudsman organizacional: atua no âmbito restrito de uma organização ou entidade, sendo integrante de sua estrutura, onde participa no controle das ações ou omissões da pessoa jurídica no que tange aos usuários, clientes e cidadãos em geral, como ocorre em empresas jornalísticas e em universidades. Talvez o caso vanguardista e mais conhecido no Brasil seja o ombudsman do jornal *Folha de S. Paulo.*

No Brasil, o ombudsman bancário pode ser enquadrado no tipo organizacional, porque é estabelecido no âmbito da estrutura da instituição financeira, para atender, especificamente, às demandas das pessoas físicas e jurídicas que adquirem ou usam seus produtos e serviços.

A experiência brasileira do ombudsman nos bancos iniciou-se antes mesmo da regulação das ouvidorias bancárias pelas autoridades monetárias. Conforme relata Odila de Lara Pinto (1998), o Banco Real instituiu o cargo de ombudsman em 1990, os Bancos Nacional e Mercantil de Pernambuco, em 1991, o Banco do Estado da Bahia, em 1992, e o Banco de Brasília, em 1996. Segundo a mesma autora (1998, p. 79):

> Nas organizações, de um modo geral, as funções do ombudsman consistem na defesa do cliente, captação de seus anseios, internalizando-os e efetuando recomendações para a solução ou a eliminação dos problemas.

> Do mesmo modo, na área bancária, o ombudsman representa o cliente e, internamente à organização, procura a solução para o pleito. Ao defender o cliente, interage com a sociedade e promove qualidade. O modo como os ombudsman desempenham suas funções repercute na organização como um todo.

Ao que parece, já na década de 1990, alguns bancos, atentos à posição de destaque que o consumidor passava a assumir na sociedade, adiantaram-se na criação de um órgão de ombudsman, assumindo, assim, uma postura estratégica, focada no incentivo a uma comunicação eficiente entre os participantes externos e internos da relação, para diminuir conflitos e estabelecer laços duradouros. O sucesso da estratégia, contudo, requer uma mudança gradativa de cultura organizacional e envolve a quebra de resistências internas e externas. De um lado, o ombudsman gera desconfiança na própria entidade, porque se posiciona como representante do público, ouvindo suas reclamações, registrando suas críticas, identificando os erros cometidos pela empresa, demandando ajustes, mediando soluções e, eventualmente, recomendando punições. Nem pessoas físicas nem empresas gostam de ser controladas e de ver apontadas as suas falhas. Ele também provoca, inicialmente, insegurança para o cliente, pelo fato de pertencer à instituição reclamada, e, se não alcança solução efetiva para o problema trazido, em curto prazo, transforma a desconfiança do cliente em descrédito. Porém, paralelamente, ao levar à administração superior e aos órgãos competentes as reclamações e críticas trazidas pelo cliente, o ombudsman permite que a empresa conheça melhor a realidade de seus produtos e serviços e os anseios de quem os usa, e oferece a oportunidade para que ela busque aperfeiçoar a qualidade do que produz ou disponibiliza como serviço, além de corrigir rumos e processos de trabalho, de modo a, em vez de perder clientes, aumentar a confiança da sua clientela e a sua imagem diante da comunidade e, por conseguinte, elevar seus lucros. Por isso, é indispensável que as partes envolvidas compreendam melhor o que é e o que faz um ombudsman, a fim de que percebam que as vantagens trazidas por esse mecanismo valem a mudança cultural.

A atuação do ombudsman, quando eficiente, contribui para resolver litígios individuais, dando razão ao cliente quando ele está certo em sua queixa, buscando, junto à instituição, os meios para corrigir o erro e reparar o dano, a fim de deixar o reclamante satisfeito. E quando o cliente não tem razão, é papel do ombudsman mostrar-lhe, com paciência e respeito, por meio de sua capacidade de convencimento, que o direito não o favorece, o que, provavelmente, também deixará o queixoso satisfeito. Vale lembrar que uma das características do ombudsman é a ausência de poder coercitivo. Ele é um mediador, apenas, o que, entretanto, não diminui a relevância do seu papel. Mas não é só: ele igualmente colabora para prevenir a repetição de litígios envolvendo a mesma questão, ao buscar, de modo proativo, influir nas áreas competentes da organização para que elas realizem os ajustes necessários, evitando que outros clientes venham a sofrer os mesmos prejuízos.

Essa eficiência, contudo, tende a depender, além das qualificações pessoais de quem exerce a função, de algumas condições oferecidas pela empresa, segundo Paoli (2009):

- Localização no organograma da instituição.
- Independência administrativa e financeira.
- Normas de nomeação e mandato.

No caso da localização no organograma da empresa, é recomendável que o ombudsman esteja próximo de quem comanda a empresa, preferencialmente do presidente, cujo apoio e acessibilidade pode ser essencial para que o ombudsman cumpra a sua missão. Conforme relatos de ombudsman de bancos, destacados por Odila de Lara Pinto (1998), quando há apoio institucional e o presidente da instituição compra a ideia, os resultados são mais efetivos. Certamente, o peso de sua autoridade influi no comprometimento de todos os funcionários da organização. De qualquer modo, toda a organização deve entender o que é o ombudsman e qual é a sua função, sem o que o seu processo de trabalho e as mudanças e medidas por ele propostas não fluirão e ele se transformará em um ombudsman de fachada.

A independência, como já visto, é uma de suas características essenciais. A independência administrativa, por meio da qual ele conta com uma estrutura que o permita gerenciar o seu trabalho, comandando uma equipe em tamanho adequado para atender às demandas, e a financeira, estabelecida por uma rubrica específica no orçamento para custear as suas atividades, asseguram ao ombudsman liberdade para agir sem a necessidade de reportar-se, a todo momento, a um superior hierárquico nem de viver de pires na mão esmolando por recursos que acabam sempre direcionados para outras atividades "prioritárias".

A existência de normas claras sobre o modo de nomeação e, além disso, de poderes e deveres favorece uma percepção mais precisa do papel do ombudsman e dos limites de sua função, e, em conjunto com a fixação de um mandato por um prazo determinado, durante o qual ele não pode ser

O OMBUDSMAN BANCÁRIO

destituído a não ser por falta grave, renovável ou não, reforçam a sua independência e facilitam tanto o seu relacionamento com o público interno, as chefias e os funcionários dos diversos departamentos da empresa, quanto com o externo, o cliente e, se for exigido, com a supervisão das agências reguladoras.

2.2 A regulação do ombudsman bancário no Brasil: a ouvidoria da Resolução CMN nº 4.433, de 2015[19]

Nesta seção, faremos uma análise crítica do tratamento jurídico dado à figura do ombudsman bancário no Brasil, denominado ouvidor – embora prefiramos a expressão "ombudsman" porque é internacionalmente consagrada[20].

O Sistema Financeiro Nacional, cujo *status* constitucional se encontra estabelecido pelo art. 192 da Constituição da República, possui como norma regente básica a Lei nº 4.595, de 31 de dezembro de 1964, que criou o CMN, atualmente composto pelo ministro da Fazenda, presidente do Conselho, pelo ministro do Planejamento, Orçamento e Gestão e pelo presidente do Banco Central, com a função de formular a política da moeda e do crédito, e de regular o Sistema Financeiro Nacional. A regulação é feita por meio de normas infralegais denominadas resoluções, divulgadas pelo BCB, que exerce a função de secretaria do CMN. O BCB, a par de ser a autoridade responsável pela manutenção do poder de compra da moeda e pela higidez do Sistema Financeiro Nacional, é o órgão que faz cumprir a legislação que disciplina o Sistema Financeiro e as normas expedidas pelo CMN. No que concerne ao crédito, o Banco Central pode, em competência concorrente com o CMN, estabelecer regras, uma vez que também lhe compete exercer o controle do crédito sob todas as suas formas, a teor do art. 10, VIII, da Lei nº 4.595, de 1964. Em algumas hipóteses, o Banco Central edita regras para o Sistema Financeiro Nacional, por delegação do CMN, sempre por circulares. É também o órgão supervisor das instituições financeiras, com poderes para autorizar e fiscalizar o seu

---

[19] Quando da elaboração da dissertação, vigia a Resolução CMN nº 3.849, de 2010, revogada pela Resolução nº 4.433, de 23 de julho de 2015, o que demandou uma revisão e atualização do presente item.

[20] Ao final, em nossa proposta, usaremos a expressão "ombudsman" em vez de "ouvidor" ou "ouvidoria", considerando a globalização da referida denominação.

funcionamento, para processá-las administrativamente e puni-las, se elas infringirem as regras a que o BCB está obrigado a fazer cumprir, e para liquidá-las extrajudicialmente, se elas deixarem de atender às condições fixadas por lei. Porém, essas autoridades não têm incluída atualmente pela lei, entre suas funções, a de defesa do consumidor, e não integram o Sistema Nacional de Defesa do Consumidor, o que, por força do princípio da legalidade estrita, as impede de atuarem diretamente nesse campo. Conforme princípio amplamente conhecido, a administração pública, diferentemente da particular, que pode fazer tudo o que não for vedado por lei, só pode fazer aquilo que estiver autorizada pela lei. O Supremo Tribunal Federal, aliás, na Adin 2591 (BRASIL, 2006), quando decidiu que as instituições financeiras sujeitam-se às regras do Código de Defesa do Consumidor, entendeu, a partir do voto condutor do acórdão, de autoria do ministro Eros Grau, que o CMN não podia produzir atos normativos sobre matéria de consumo, porque a sua competência regulatória diz respeito ao funcionamento das instituições financeiras, isto é, à adequação do desempenho de suas atividades às exigências de solidez do Sistema Financeiro Nacional, disciplinando o nível de capitalização da instituição, *v.g.*, a sua consistência patrimonial, a constituição e liquidação, a responsabilidade de seus controladores e administradores, tipo de operações permitidas, enfim, a observância de sua função sistêmica[21]. Como consequência, revogou-se a Resolução CMN nº 2.878, de 26 de julho de 2001, alterada pela Resolução CMN nº 2.892, de 21 de setembro de 2001, que dispunha sobre procedimentos que deveriam ser observados pelas instituições financeiras na contratação de operações e na prestação de serviços aos clientes e ao público em geral, conhecida como Código de Defesa do Consumidor de Produtos Bancários, consideradas ilegais pelo STF. O CMN e o BCB permanecem disciplinando o crédito e as operações creditícias, bem como o funcionamento das instituições financeiras, a taxa de juros cobrada, o desconto, a comissão e demais formas de remuneração de operações e serviços bancários e financeiros, a teor dos arts. 4º, VI, VIII e IX, e 9º, da Lei nº 4.595, de 1964, porém, não na defesa do consumidor, mas com o objetivo de proteger o poder de compra da moeda e a estabili-

---

[21] Rel. p/Acórdão Ministro Eros Grau. Tribunal Pleno. DJ de 29 de setembro de 2006. Foge ao alcance deste trabalho debater o acerto do voto condutor, divergente da posição defendida pelo Ministro Nelson Jobim, quanto às operações tipicamente bancárias envolverem relação de consumo, até porque é hoje pacífica a orientação no sentido afirmativo.

dade do sistema financeiro nacional, o que, indiretamente, pode alcançar as relações de consumo.

Com o escopo de aperfeiçoar a atuação reguladora do CMN e de ampliar a eficiência da atividade supervisora da autoridade monetária, o Banco Central instituiu o Departamento de Supervisão de Conduta (Decon) que possui, entre as suas atribuições, a de fiscalizar o cumprimento, pelas instituições reguladas, das regras relativas ao relacionamento delas com os clientes usuários de serviços e produtos financeiros, envolvendo questões como *suitability*, isto é, adequação do produto ou serviço ao perfil do cliente, tarifas bancárias e ouvidoria. Com o mesmo objetivo, o BCB recebe denúncias e reclamações contra instituições financeiras por meio das quais identifica falhas na regulação e o descumprimento de regras que disciplinam as condutas das instituições supervisionadas, mantendo o Sistema de Registro de Denúncias, Reclamações e Pedidos de Informações (RDR), e elaborando, com base nele, um ranking de instituições financeiras por reclamações, divulgado para a coletividade como forma de permitir ao cidadão fazer suas escolhas de relacionamento bancário com base nessa informação e de estimular as instituições financeiras, envergonhadas, a adotarem um tratamento mais justo e equilibrado em relação às pessoas com quem contratam.

Vê-se, pelos dados apresentados anteriormente, que as questões que são comumente levadas aos Procons e ao Banco Central, por não envolverem, em regra, maior complexidade, poderiam ser resolvidas por meios mais simples e menos formais, com a atuação de um mediador ou conciliador. Entretanto, o Banco Central não age como mediador na solução de litígio entre o banco e o cliente. Se vislumbra a desobediência àquelas regras, instaura procedimento administrativo sancionatório, se não, limita-se a encaminhar a reclamação ou denúncia à instituição financeira para que ela faça os devidos esclarecimentos e busque resolver o problema diretamente com o reclamante ou denunciante, mantendo-se alheio às questões surgidas exclusivamente das relações consumeristas, que devem ser tratadas no âmbito do Sistema Nacional de Defesa do Consumidor, do qual o Banco Central não faz parte, ou no Poder Judiciário.

Embora os órgãos reguladores do sistema financeiro brasileiro estejam impedidos de agir como mediadores, eles revelam, com medidas como a do ranking das instituições financeiras mais reclamadas e da manutenção de um sistema de atendimento ao cidadão, uma preocupação com a conduta das instituições financeiras em relação aos consumidores bancários sem que isso implique extrapolação de suas atribuições legais e violação da orientação jurisprudencial do STF. É que um dos elementos essenciais para o sólido funcionamento de qualquer sistema financeiro é a confiança. Não é por mera coincidência que a palavra "crédito", de origem latina, significa "confiança". Conforme assinala Valter Shuenquener de Araújo, abordando o tema da confiança em uma sociedade de grande complexidade, diz que ela "desempenha o papel de generalizar expectativas de comportamento. Dessa maneira, ela reduz a falta de informação sobre condutas futuras e o risco quanto a incertezas. [...] Ela serve, portanto, como um mecanismo para estabilização de expectativas" (2009, p. 12-13). O efeito multiplicador da desconfiança em uma instituição financeira, por parte dos clientes, e a disseminação de uma imagem negativa que abale a credibilidade desse banco podem levar, por exemplo, a uma corrida de saques por aqueles que acreditam que nem eles nem o dinheiro deles estão recebendo os cuidados devidos, com o risco de perda se o mantiverem depositado naquela instituição. Isto pode resultar na insolvência do banco e na sua liquidação extrajudicial, que sempre criam traumas no sistema, menores ou maiores, dependendo do tamanho da instituição e de sua capilaridade e influência no mercado. Considerando-se que o sistema financeiro equivale a uma rede de agentes econômicos fortemente interligados e que permeia toda a sociedade – não há relação que envolva dinheiro que, igualmente, não envolva, direta ou indiretamente, uma instituição financeira –, o rompimento dessa rede pode implicar uma crise sistêmica cujos danos sociais são notórios. Assim, faz parte das atribuições das autoridades monetárias estabelecer regras que conduzam as instituições financeiras a reduzirem os riscos legais e de reputação e a aumentarem a confiança do público nas operações bancárias. Ao fomentarem a confiança no sistema, estão, portanto, adotando medidas prudenciais que se coadunam com a sua missão institucional de assegurar um sistema financeiro sólido e eficiente.

Visando a aumentar essa confiança entre bancos e clientes e a aperfeiçoar o relacionamento entre eles, o CMN tem editado normas como a Resolução nº 3.919, de 25 de novembro de 2010, que dispõe sobre a cobrança de tarifas pela prestação de serviços por parte das instituições reguladas, e como a Resolução nº 4.196, de 15 de março de 2013, que dispõe sobre medidas de transparência na divulgação e contratação de pacote de serviços. Com idêntico objetivo, quase duas décadas após as primeiras iniciativas relativas ao uso do ombudsman no setor bancário brasileiro, optou-se por regular a matéria, e o CMN editou a Resolução nº 3.477, de 26 de julho de 2007. Aquele diploma normativo foi revogado e substituído pela Resolução nº 3.849, de 25 de março de 2010, também revogada e substituída pela Resolução nº 4.433, de 23 de julho de 2015, que, na mesma linha das regras anteriores, determina que as instituições financeiras e as demais entidades supervisionadas pelo Banco Central[22] instituam componente organizacional de ouvidoria, com a atribuição de servirem de canais de comunicação entre essas instituições e os clientes, "inclusive na mediação de conflitos" (art. 3º). Percebe-se uma preocupação do regulador com a criação de um órgão que visa a estabelecer uma paridade de armas entre a instituição financeira e pessoas com menor capacidade de com ela litigarem, ao criar a obrigação para aquela que tenha clientes "pessoas físicas ou pessoas jurídicas classificadas como microempresas e empresas de pequeno porte" (art. 2º).

A regulação da autoridade monetária revela-se atenta aos parâmetros estabelecidos pela literatura citada ao longo deste trabalho e pela experiência internacional, seja quando fixa as atribuições da ouvidoria[23], seja quando estabelece que a instituição deve, estatutariamente, se comprometer a criar as condições para o seu adequado funcionamento, com total apoio administrativo e acesso a informações necessárias ao exercício se sua atividade, bem como para a sua atuação transparente, independente, imparcial e isenta (art. 9º, III, "a" e "b"). Aqui há um problema: compromisso sem sanção para o caso do descumprimento é propenso a não ser levado a sério. O descumprimento dessas regras fixadas no estatuto pode, até, levar a questionamentos societários relativos à responsabilidade dos administradores perante a sociedade, mas não sob o ponto de vista da regulação bancária. Há, também, uma questão que merece reflexão: a ouvidoria,

---

[22] O foco da análise neste trabalho será circunscrito aos bancos e às caixas econômicas, embora a regulação não se limite a esse tipo de instituição intermediadora de crédito e muito do que se tem dito abranja empresas de outra natureza.

[23] Art. 3º – São atribuições da ouvidoria:

I - prestar o atendimento de última instância às demandas dos clientes e usuários de produtos e serviços que não tiverem sido solucionadas nos canais de atendimento primário da instituição;

II – atuar como canal de comunicação entre as instituições e os clientes e usuários de produtos e serviços, inclusive na mediação de conflitos; e

III - informar ao conselho de administração ou, na sua ausência, à diretoria da instituição a respeito das atividades da ouvidoria.

O OMBUDSMAN BANCÁRIO

pela resolução, é um órgão de última instância, porque só podem chegar a ela aquelas reclamações que não foram solucionadas pelo atendimento habitual realizados pelos pontos ou por canais de atendimento ao cliente, incluídos os correspondentes. Apesar de ser um filtro razoável, porque muitos problemas podem ser resolvidos imediatamente na agência ou pelo Serviço de Atendimento ao Cliente (SAC), essa condição não desestimularia a procura à ouvidoria considerando-se que em nossa cultura o exercício da cidadania e o ato de reclamar nas entidades competentes ainda estão sendo incorporados? E um atendimento ruim na agência ou no SAC não pode, indiretamente, desmoralizar a ouvidoria, considerando-se que ela integra a mesma instituição? Quanto menos obstáculos se criar para o consumidor utilizar um serviço, menores serão os desestímulos para que ele busque esse serviço.

A resolução também estabelece que as instituições deverão designar um ouvidor e um diretor responsável pela ouvidoria, que poderá ser o próprio ouvidor (art. 10), o que aproxima a ouvidoria, na estrutura organizacional, da alta administração da instituição. Contudo, ao assim dispor, o CMN acabou afastando a faculdade de a ouvidoria ser vinculada diretamente ao presidente do banco, o que poderia ser uma vantagem pelo seu poder de influência.

O ouvidor e o diretor responsável pela ouvidoria podem ser ou não integrantes dos quadros de funcionários da instituição. É, de fato, indiferente ser do quadro ou não. Ser do quadro pode ter a vantagem de conhecer a empresa e a sua cultura. Não ser do quadro, o de não estar contaminado pela velha cultura. O relevante é que a pessoa escolhida seja capacitada, tenha habilidade para rapidamente compreender a empresa e o seu funcionamento, se não for do seu quadro de funcionários, e seja independente. Os seus nomes e dados devem ser informados ao Banco Central.

O estatuto, além de conter de forma expressa as atribuições da ouvidoria, deve também dispor acerca dos critérios de designação e de destituição do ouvidor e a respeito do tempo de duração de seu mandato (art. 9º, I a II). Isto é relevantíssimo, porque permite que toda a empresa conheça a ouvidoria e o seu papel, sem margens para incompreensões que sejam motivo para dificultar o trabalho do ouvidor e de sua equipe.

A escolha dos membros da ouvidoria é condicionada à sua capacidade técnica, auferida de forma objetiva, qual seja, pela certificação por entidade reconhecida (art. 16 e §§). O exame de certificação deve abranger, no mínimo, temas relacionados à ética, aos direitos e defesa do consumidor e à mediação de conflitos, o que indica a compreensão clara pelo regulador do perfil que um ouvidor e sua equipe devem ter: a conduta honesta, que naturalmente deve ser comum a todos, mas no caso do ombudsman adquire maior relevância, considerando-se o respeito e a credibilidade que ele deve ter perante a instituição e as partes envolvidas no processo, sem as quais ele será incapaz de convencer e influenciar; o conhecimento das leis que disciplinam as relações de consumo é essencial, uma vez que é seu papel representar consumidores; e saber técnicas de mediação de conflitos não é menos relevante, pois a complexidade dos sentimentos e do comportamento humano, o clima de animosidade alimentado pelo litígio e o uso de palavras e gestos voltados para o apaziguamento e para o convencimento requerem mais do que a sabedoria construída pela intuição para que se atinja o entendimento entre os litigantes. Ficou faltando a exigência mínima de conhecimento a respeito de bancos, seu funcionamento e sua regulação, uma vez que estes serão os principais temas com os quais lidará, e o conhecimento especializado é uma das principais vantagens que o ouvidor tem em relação ao juiz. A instituição, por sua vez, deverá manter a equipe da ouvidoria permanentemente atualizada.

A ouvidoria e o diretor responsável por ela devem elaborar periodicamente relatório qualitativo e quantitativo referente à sua atuação a ser revisado por auditoria externa e encaminhado à auditoria interna, ao conselho de administração ou à diretoria da instituição, e a ser disponibilizado ao Banco Central, mostrando que a controladora não está imune a controle e que deve também prestar contas. Outro ponto muito importante trazido pela norma é o referente à ampla divulgação da existência da ouvidoria, da sua finalidade e da forma de utilização, bem como a relativa ao acesso gratuito por canais ágeis e eficazes (art. 8º, I e II). Desnecessário dizer o quão fundamental é essa divulgação, porque a sua realização de forma tímida pode ser um dos maiores motivos pelo qual a ouvidoria é pouco provocada.

A Resolução CMN nº 4.433, de 2015, aborda pontos essenciais ao instituto do ombudsman e à atuação de uma ouvidoria bancária, e está bem estruturada, mas apresenta-se tímida, talvez programática simplesmente, parecendo mais uma mera satisfação formal à sociedade do que uma regra com capacidade de induzir condutas e de provocar mudanças no comportamento das instituições financeiras em relação ao tema. Para tanto, a regra precisa revelar àquele a quem ela é dirigida que é mais vantajoso observar o seu comando e que os custos da inobservância superarão eventuais benefícios. Deve mostrar que é efetiva e se concretizará ameaça de execução forçada da obrigação, ou de reparação quando a obrigação tornou-se inútil ou impossível de ser satisfeita, o *enforcement*. Do contrário, a natureza oportunista dos agentes econômicos tenderá a não cumpri-la. Ou se quedará na famigerada situação: "eu faço de conta que eu cumpro as regras e você (Estado, agência reguladora etc.) faz de conta que me fiscaliza". A começar pelo fato de que, embora a resolução fale em dever a todo momento e descreva condutas como obrigatórias, ela em nenhum instante descreve a sanção aplicável na hipótese de inobservância desse dever. Apenas no caso de não apresentação de relatórios e dados solicitados pelo Banco Central haveria a possibilidade de sanção, porque está prevista nos arts. 37 e 44 da Lei nº 4.595, de 31 de dezembro de 1964, que dispõe acerca da obrigação de as instituições financeiras apresentarem ao Banco Central dados por ele requisitados a fim de que a autoridade supervisora possa exercer adequadamente suas atribuições.

No que concerne ao papel de mediador, o normativo é quase silente. A intenção maior do regulador parece ser, em vez de dar ênfase à solução de litígios envolvendo um cliente, a de estimular a adoção da ouvidoria como uma agente de mudança cultural e estrutural na instituição, que se vale das reclamações e críticas dos clientes como instrumento de governança corporativa e de promoção da qualidade dos serviços e dos produtos, o que está em consonância com a literatura (cf. PINTO, 1998; GIANGRANDE; FIGUEIREDO, 1998; SANTOS; GHISI, 2006; DIAW, 2008; FERREIRA[24]; SANTOS, 2011). É verdade que isto beneficia os clientes de forma indireta e coletiva e vem ao encontro da postura das autoridades monetárias no sentido de que não lhes cabe editar regras de defesa do direito do consumidor, mas apenas regular a relação entre instituição financeira e seus clientes na medida em que ela repercuta negativamente na segurança do sistema financeiro com um todo. Mas a disciplina da matéria pelo CMN e pelo Banco Central deveria ser mais ousada.

O setor privado também cuidou do assunto. A Federação Brasileira de Bancos (Febraban) estabeleceu, a partir de 2008, o Sistema de Autorregulação Bancária, do qual participam aquelas instituições associadas da Febraban que a ele aderirem, designadas signatárias. Atualmente são 19

---

[24] Hélio José Ferreira foi ouvidor do Banco Central do Brasil.

instituições signatárias, entre elas os grandes bancos destacados anteriormente, ou seja, Itaú, Bradesco, Banco do Brasil, Santander, Caixa Econômica Federal e HSBC. O Conselho de Autorregulação do referido sistema editou o Normativo SARB 01, de 4 de dezembro de 2008, que estabelece regras gerais no relacionamento dos bancos com consumidores pessoas físicas, no qual se aborda o atendimento do consumidor pela ouvidoria (FEBRABAN, 2008). Esse normativo diz que, além de ser um canal de comunicação entre o consumidor e a signatária, inclusive na mediação de conflitos, é papel da ouvidoria "assegurar a observância das normas e regulamentos relativos aos direitos do consumidor", avançando no ponto e, positivamente, em relação ao papel desenhado pelo CMN. A matéria, porém, é tratada suscintamente. Há um normativo específico disciplinando o funcionamento dos SACs (nº 3) e outro, o atendimento nas agências (nº 4), mas nenhum dispondo sobre as ouvidorias. Percebe-se, nessa autorregulação, que o seu sentindo é a preservação da imagem da instituição signatária que adquire um selo que informa a sua participação no sistema (Selo de Autorregulação) e o perde, ou tem o seu uso suspenso, como sanção no caso de descumprimento de regra.

Entretanto, o Estado e suas agências reguladoras, como por igual as próprias organizações reguladas e as entidades setoriais que as representam, não deveriam desprezar o papel que o ouvidor pode exercer na resolução de litígios judicializados ou não, na condição de mediador ou conciliador, considerando-se os dados apresentados no início deste trabalho e as consequências socioeconômicas apontadas, que indicam que o ombudsman, tal qual regulado hoje, é pouco efetivo. Deveriam dar uma resposta institucional que reforçasse essa função a fim de construir uma alternativa real de solução de controvérsias envolvendo o setor bancário, que contribua para harmonizar as relações entre bancos e consumidores, com os reflexos imediatos e de longo prazo que esse equilíbrio pode trazer para cada um dos clientes e para o conjunto deles, isto é, obter clientes mais satisfeitos com o seu banco e mais confiantes em relação ao sistema financeiro e aos mecanismos de solução de conflitos por ele oferecidos. Como consequência, também, colaborar para que um número significativo de litígios deixe de ser judicializado, ajudando igualmente o Poder Judiciário a chegar ao equilíbrio necessário para entregar à sociedade uma prestação jurisdicional que não seja contrária ao desenvolvimento do país e cuja velocidade seja impingida pela complexidade de cada caso e não pelo congestionamento dos tribunais.

Um caso que exemplifica como a ouvidoria está estruturada no âmbito da organização e qual o seu impacto, em termos de números, na litigância judicial é o da ouvidoria do Banco do Brasil S.A. O Banco do Brasil S.A. é o primeiro banco no ranking em ativo total e depósito total (BANCO DO BRASIL, 2014). Possui 61 milhões de clientes (BANCO DO BRASIL, 2013). A ouvidoria foi implantada na instituição em 2005, como uma gerência e tendo uma unidade de apoio. Ela não aparece no organograma do banco disponibilizado para o público, não sendo possível saber qual a sua localização na estrutura organizacional, o que indica o seu *status* pouco relevante dentro da instituição (BANCO DO BRASIL, 2014). Apesar disso, há uma divulgação razoável da existência da ouvidoria, da sua missão e de como acessá-la, e a instituição financeira disponibiliza em sua página na internet, desde 2009, relatórios sobre as atividades da ouvidoria, que revelam números de reclamações encerradas no ano, proposições de melhorias apresentadas ao Conselho de Administração e avanços alcançados (BANCO DO BRASIL, n.d.). Em 2013, diz o relatório anual da Ouvidoria, foram resolvidas 18.869. Reclamações dirigidas ao Banco Central contra a instituição são registradas no RDR e automaticamente comunicadas ao Banco do Brasil por um sistema integrado. As maiores causas de reclamações são: operações de crédito, 24%, atendimento, 20%, cartão de crédito, 12%, conta corrente, 12%, tarifas, 7%, e relação contratual, 12%. O prazo médio de solução da reclamação é de 12 dias (BANCO DO BRASIL, 2013).

Dos relatórios, percebe-se, contudo, que o foco maior da ouvidoria não é a mediação e a solução dos conflitos individuais, mas a proposição de melhorias de alcance coletivo e que representem ganho estratégico para a empresa. As funções de mediação e de solução de conflitos individuais são atribuídas principalmente às agências e aos SACs, reservando-se a ouvidoria a atuar apenas em grau de recurso, em conformidade com a regulação bancária, o que talvez colabore para justificar os números a seguir.

No ranking dos 100 maiores litigantes na Justiça estadual, conforme já assinalado, em 2011 o Banco do Brasil posicionava-se em 7º lugar, sendo parte em 1,49% dos processos novos, vale dizer, em cerca de 280.000. De acordo com o relatório de 2011 da ouvidoria daquela instituição, este órgão encerrou, naquele ano, 45.895 reclamações: 18.850 originadas na própria ouvidoria, 15.599, no Banco Central e 11.446, nos Procons, o equivalente a 16% da quantidade de processos judiciais. O relatório mais recente, referente ao ano de 2013, informa que o número de reclamações originadas na própria ouvidoria caiu para 16.475, em 2012, e subiu para 18.869, em 2013, praticamente o mesmo número de 2011. Originadas nos Procons, foram 13.828, em 2012, e 13.092, em 2013. Curiosamente, aumentaram, ainda que não se possa dizer que de forma substancial se a comparação for com o que ocorre na Justiça, as originadas no Banco Central: foram 18.220, em 2012, e 26.813, em 2013, o que sugere maior confiança do cidadão no setor de atendimento do ente público do que na ouvidoria da instituição financeira. Esses dados nos fazem retornar à questão: Por que predomina largamente a judicialização dos litígios?

Armando Castelar Pinheiro (2000, p. 27) pontua que:

> Para entender a decisão de se iniciar ou não um litígio, deve-se comparar o que se pode ganhar com o que se pode perder como consequência dessa decisão. Uma conclusão natural é que se recorre ao judiciário quando a utilidade esperada é maior do que a de agir de outra forma. Da mesma maneira, as partes em litígio buscam uma solução fora dos tribunais quando a utilidade de ambas é maior seguindo esta alternativa do que uma outra.

Esse autor apresenta um modelo de análise que, considerando a utilidade da escolha em termos de custos e benefícios, identifica os fatores que determinam a decisão de se recorrer a um mecanismo específico de solução de controvérsias como sendo os seguintes: os gastos com o processo, a rapidez com que se chega a uma decisão, a imparcialidade do julgador, taxa de juros ou de desconto intertemporal e a previsibilidade da decisão e do tempo que demorará para ela ser alcançada. Diz ele que, pelo modelo, funciona bem um sistema judicial cujo custo de acesso seja baixo, e as decisões, justas, rápidas e previsíveis, tanto em termos de conteúdo quanto de prazo. Duas constatações de Armando Castelar Pinheiro (2000, p. 29-30) merecem destaque: a primeira, a de que "quando a Justiça é lenta, o valor esperado do ganho ou da perda das partes será tão mais baixo quanto maior for a taxa de juros [...] a morosidade reduz o valor presente do ganho líquido (recebimento esperado menos os custos)". A segunda, a de que a demora e a imprevisibilidade estimulam a parte faltosa a recorrer à Justiça, porque ela troca um pagamento que seria certo pela eventualidade de nada pagar, pagar menos ou até ganhar, e, caso tenha que pagar, a um custo menor pela corrosão da moeda. Acrescentamos que a lentidão é inimiga de quem necessita receber e não tem tempo ou recursos para uma longa espera, mesmo que haja uma boa probabilidade de ver o seu pedido julgado procedente no futuro, o que força acordos injustos. Ela favorece, portanto, quem tem maior poder de barganha, ou seja, ricos e poderosos. Assim, quem normalmente ganha em procurar uma Justiça lenta e imprevisível não é quem o Direito deveria socorrer, especialmente em um país como o Brasil, em que as taxas de juros são altas, as taxas judiciais são baixas e as condenações em honorários de advogados, geralmente, não são expressivas, podendo estas últimas, inclusive, serem afastadas por um simples pedido de benefício de justiça gratuita.

Por que, então, apesar de todos os problemas relatados em relação ao Poder Judiciário brasileiro e ao ambiente em que ele se insere – a decisão é demorada, a taxa de juros ou de desconto intertemporal é alta e são imprevisíveis a decisão e o tempo que demorará para ela ser alcançada –, ele continua sendo a opção preferida, e não as ouvidorias bancárias, no caso das relações de consumo envolvendo bancos e clientes pessoas físicas e, eventualmente, microempresas?[25]. Um dos incentivos pode ser o custo de acesso à Justiça no Brasil que, embora alto para a comunidade, é baixo para quem litiga, particularmente quando envolve matéria e valores da competência do Juizado Especial Cível, onde sequer é necessária a contratação de advogado para postular em 1º grau de jurisdição. E nessa Justiça os acordos são estimulados e o tempo do processo tende a ser mais curto do que na Justiça comum. Muitas questões que não eram levadas à Justiça passaram a ser com a criação dos Juizados especiais, pelo custo mínimo e pela celeridade. A rapidez da solução, porém, vai perdendo força na mesma proporção em que cresce o número de demandas, e, com isso, o seu atrativo. A par do baixo custo, num ambiente de alto endividamento e de juros altos, há o estímulo a que o mau pagador recorra ao Judiciário para aproveitar-se da imprevisibilidade e da lentidão processual.

Por outro lado, no que tange ao pouco uso do ombudsman, há indícios de que a ineficiência não é uma das causas, mas o pouco conhecimento da existência da ouvidoria, apesar da ênfase dada pela Resolução CMN nº 4.433, de 2015, à divulgação desse mecanismo, pelo que se depreende do estudo de caso levado adiante pela FGV-SP (OLIVEIRA; RAMOS; SILVA, 2012, p. 126):

---

[25] No caso de empresas de maior porte e de negócios mais complexos, é conhecida a preferência pela arbitragem, embora cara, em decorrência de vantagens como a celeridade, a confidencialidade e o conhecimento especializado do julgador, e, neste trabalho, esse grupo de litígio não é o foco.

Para se ter uma ideia, de todas as reclamações feitas no SAC[26] de uma instituição financeira entrevistada, apenas 10% delas passam pela Ouvidoria. Desse percentual de reclamações, recebemos a informação de que quase 90% são ali solucionadas de forma satisfatória, isto é, o consumidor demonstra que ficou satisfeito com a solução dada pela Ouvidoria.

Caberia, portanto, uma real e ampla divulgação do mecanismo, e não simplesmente indicar o número do telefone da ouvidoria, em letras pequenas, sem destaque, no canto inferior das páginas eletrônicas ou dos documentos e extratos bancários. Contudo, é provável que certos fenômenos influenciem, com o seu peso maior, o pouco apelo ao ombudsman no seu tipo organizacional. Um deles seria ainda nossos costumes paternalista em que uma parte considerável dos cidadãos deposita no Estado todas as suas esperanças e desejos e delegam a ele quase que integralmente a responsabilidade pela solução de seus problemas, mesmo quando a burocracia estatal se mostra distante do profissionalismo e da eficiência apropriados. Talvez, por isso, mecanismos cujas características estejam vinculadas à iniciativa privada, como a autorregulação e a autocomposição de litígios, sem forte respaldo estatal, não sejam estabelecidos ou, quando o são, tendam ao fracasso, no Brasil[27].

Outro fator provável é a desconfiança em relação aos bancos, que não é uma peculiaridade brasileira, nem de agora[28], mas agravada com crises como a de 2008, quando o cidadão comum que perdeu o emprego, ou a casa, ou teve os seus salários corroídos, ou viu seus investimentos virarem pó, ou sentiu chegar a carestia, soube pelos jornais, sem compreender,

---

[26] Cabe lembrar que Oliveira et al. (2012) assinala que o SAC é considerado ineficaz, o que, talvez, desestimule a procura das ouvidorias, que representam uma segunda instância.

[27] Esta percepção não alcança pessoas físicas e jurídicas envolvidas em relações jurídicas e negócios mais sofisticados. Essas pessoas têm uma visão clara do sistema judicial e têm acesso a mecanismos como a arbitragem, oferecidos por instituições privadas de renome nacional e internacional, e fazem suas escolhas entre levar o conflito ao Poder Judiciário ou a uma câmara de arbitragem, por exemplo, a partir de considerações sobre a estratégia de negócio, os riscos jurídicos e a utilidade apontada por Pinheiro (2000).

[28] O desprezo de Antonio por Shylock ilustra bem uma desconfiança ancestral, se não um rancor, do tomador de empréstimo em relação ao que empresta, embora aquele não hesite em recorrer a este na hora em que necessita de recursos para satisfazer seus desejos (cf. SHAKESPEARE, William. **The Merchant of Venice**. London: Penguin, 2001).

que bilhões de dólares de recursos públicos, produto dos tributos por ele pagos, foram usados para salvar bancos e para pagar bônus milionários para administradores dessas instituições, e não para reparar os danos sofridos e restabelecer o *status quo ante*.

Além disso, a ouvidoria, como mediadora de conflitos individuais, não parece ser uma prioridade dos bancos, nem a solução individual de conflitos ser o foco no ombudsman do tipo organizacional, apresentando-se mais como uma agente de mudanças na cultura da empresa em relação ao tratamento dos clientes e na promoção de melhorias nos processos de trabalho, na comunicação e na qualidade de produtos e serviços, visando à diminuição de risco de imagem e à solidez do negócio.

O exame feito até aqui fornece indícios de que o modelo adotado no Brasil não é o mais apropriado, se o objetivo for ter um ouvidor focado na resolução alternativa de disputas, por não ser este o principal papel do ombudsman organizacional. Essa função é mais adequada ao ombudsman do tipo setorial ou industrial, como anota José S. Paoli (2009, p. 31-32):

> Em comparação do primeiro modelo visto de atendimento dos usuários, estes Ombudsmen Industriais são mecanismos integrais de resolução de disputas. Em seus procedimentos e esquemas de ação, estes Ombudsmen têm previsto a realização de reuniões entre as partes em conflito, empresas e usuários. Trata-se de "conferências de conciliação", onde se tenta encontrar soluções acordadas; de outro modo, é o Ombudsman que decide. A solução ou decisão final do Ombudsman Industrial sobre o reclamo inclui a possibilidade de fixar sanções. [...] Se parecem mais aos Tribunais do Consumidor existentes em alguns países da América Latina, que requerem a adesão das empresas. Ademais, sua atividade somente se inicia por solicitação dos usuários, não desenvolvem estudos e recomendações gerais para a melhora no desempenho e funcionamento das entidades sob seu controle, função bem própria dos Ombudsmen Organizacionais.

O ombudsman setorial tem sido adotado em outros países com sucesso como mecanismo imparcial de solução de conflitos entre bancos e seus clientes. A análise da experiência internacional pode esclarecer se o estabelecimento do ombudsman no setor bancário também no Brasil implicaria uma opção institucional mais eficiente do que a pelo ombudsman organizacional, e mesmo se esses mecanismos convivem. Em seguida, se fará essa apreciação em relação aos modelos adotados por alguns países.

2.3 O ombudsman bancário na experiência internacional

Neste ponto, valendo-nos do método do direito comparado, apresentaremos modelos de ombudsman bancário adotados em diversos países, no intuito de colher boas lições e de descartar aquilo que nos pareça inapropriado para a realidade brasileira. Veremos que existe um padrão mínimo seguido globalmente, o que sugere um consenso a respeito das características essenciais que o ombudsman bancário deve ter para alcançar os seus objetivos com eficiência.

Vários países têm tido o cuidado de adotar boas práticas para a proteção do consumidor financeiro, como as recomendadas pelo Banco Mundial, e a utilização do ombudsman como mecanismo de resolução de disputas é uma delas. Neste trabalho não há a pretensão de examinar todos os casos, de forma exaustiva. Selecionou-se algumas experiências suficientes para mostrar as melhores práticas existentes, que podem servir de comparação e inspiração a eventual reforma institucional no Brasil, procurando-se modelos em países que possuem uma cultura e uma tradição jurídicas mais próximas da brasileira, como Portugal, Espanha e Itália, e outros que, embora culturalmente menos próximos, têm grande influência global e no setor financeiro, como a Inglaterra.

2.3.1 Europa

2.3.1.1 Portugal

O Decreto-lei nº 144, de 17 de junho de 2009, instituiu, junto ao Banco de Portugal, o Mediador do Crédito, a quem compete, além da promoção do conhecimento e de melhorias em matéria de crédito, coordenar, com imparcialidade e independência, a atividade de mediação entre clientes e instituições de crédito, visando à tutela dos direitos e dos interesses legítimos de quaisquer pessoas físicas ou jurídicas que sejam partes em relações de crédito, coadjuvado por um conselho de até três membros.

O OMBUDSMAN BANCÁRIO

O Mediador do Crédito é nomeado pelo Conselho de Ministros, para um mandato de dois anos, não falando a regra na possibilidade de recondução. O mediador e o conselho que trabalha com ele não estão vinculados ao Banco de Portugal, mas devem receber da autoridade monetária todo o suporte técnico, financeiro e administrativo a fim de que possam cumprir sua missão.

O decreto-lei citado disciplina o processo de mediação, cujo início só é viável depois de esgotados os esforços de entendimentos diretamente com a instituição financeira: o mediador deverá se manifestar sobre o pedido de mediação e responder ao interessado, preliminarmente, no prazo de cinco dias úteis, no sentido do prosseguimento ou do arquivamento. O pedido deverá referir-se à obtenção de crédito, à renovação ou reestruturação de crédito já existente e à consolidação de créditos contraídos, escapando às funções do mediador o aconselhamento financeiro ou jurídico dos clientes bancários. Os pedidos não se limitam a reclamações, mas também há pedidos de informações e esclarecimentos. O requerimento será arquivado se o mediador for incompetente para se manifestar sobre a matéria, se o pedido não tiver fundamento ou elementos suficientes para uma apreciação, ou se o fundamento que deu origem ao pedido tenha se extinguido. Caso seja aceito o pedido, o mediador encaminhará o processo à instituição financeira para que ela reveja a sua posição ou a confirme, em cinco dias úteis contados da recepção do processo, informando o requerente a respeito do andamento do processo. O processo se encerrará se a instituição de crédito revisar a sua decisão e se o cliente concordar com a nova decisão, mas prosseguirá, em caso contrário, quando, então, o mediador, reconhecendo a impossibilidade de acordo, emitirá uma recomendação visando a corrigir atos e procedimentos e sanar irregularidades. A instituição de crédito destinatária terá 60 dias para acatar a recomendação ou dizer, justificadamente, o porquê do não acatamento. Nesta última hipótese, o mediador informará a área de supervisão do Banco de Portugal para que ela adote as medidas que entender cabíveis. O processo é totalmente gratuito.

O Mediador do Crédito presta contas, por meio de relatório, ao membro do governo responsável pela área de finanças. Aprovado o relatório, ele é divulgado pelo Banco de Portugal.

Paralelamente, as instituições prestadoras de serviços de pagamentos devem oferecer aos usuários de seus serviços acesso a meios extrajudiciais eficazes e adequados a reclamações e pedidos de reparação em litígios cujo valor seja igual ou inferior ao da alçada dos Tribunais de 1ª instância (atualmente correspondente a 5 mil euros), como câmaras de arbitragem, e podem, em complementação, submeter o litígio ao provedor do cliente ou entidade análoga, ou seja, a uma espécie de ombudsman, consoante se extrai do Decreto-lei nº 317, de 30 de outubro de 2009. Pela Carta-Circular 57, de 30 de julho de 2009, o Banco de Portugal, reagindo a reclamações de clientes de bancos no sentido de que os provedores de crédito não atuavam com independência e imparcialidade, recomendou às instituições de crédito que concedessem aos provedores de crédito autonomia funcional de modo a que eles atuassem como segunda instância na apreciação das reclamações dos clientes.

Reclamações dirigidas ao Banco de Portugal e a outras entidades, como as de defesa do consumidor, podem ser redirecionadas para o mediador de crédito.

Desde junho de 2009, quando criado o mecanismo, até o final de 2013, foram abertos 1.711 processos, sendo que em 2013 foram abertos 654 processos novos.

Portugal, como se vê, optou pelo estabelecimento, por iniciativa e com suporte do Estado, de um ombudsman setorial, que atua junto ao Banco de Portugal, o banco central português, mas não é a ele vinculado. Ao mesmo tempo, permitiu o alargamento de alternativas extrajudiciais de resolução de disputas, estabelecendo como obrigatória a utilização de entidades como centros de arbitragem e como facultativo o de ombudsman organizacional, lá denominado provedor de crédito. Há uma pulverização de mecanismos de solução de controvérsias no setor bancário, o que, talvez, justifique o pequeno número de reclamações dirigidas ao Mediador de Crédito.

2.3.1.2. Espanha

O art. 29 da Lei nº 44/2002, de 22 de novembro, estabelece que as instituições de crédito devem ter, obrigatoriamente, um serviço de atendimento ao cliente encarregado de receber e resolver as queixas e reclamações dos usuários de seus serviços.

O mesmo dispositivo dispõe que essas instituições poderão, voluntariamente, instituir o *Defensor del Cliente,* individualmente ou agrupadas por ramo, volume de negócios, proximidade geográfica ou qualquer outro critério que entenderem conveniente. Esse *Defensor Del Cliente* deverá ser uma entidade ou um especialista independente e de reconhecido prestígio. A decisão do defensor do cliente favorável à reclamação vincula a instituição, mas não afasta a via judicial.

Se a pessoa física ou jurídica, sem restrições, não obtiver uma solução satisfatória, ou resposta no prazo de dois meses da data em que apresentou a reclamação, ela poderá, então, recorrer ao Banco de Espanha, por meio de reclamação ou queixa, em matéria de sua competência, que será apreciada pelo Departamento de Condutas de Mercado e de Reclamações, sucessor do Serviço de Reclamações do Banco de Espanha. Queixas referem-se à deficiência no funcionamento da instituição, como demora e desatenção no atendimento ao cliente. Reclamações dizem respeito à violação de normas que disciplinam a transparência, à proteção dos clientes, às boas práticas bancárias e aos usos financeiros. O exame da reclamação ou queixa está condicionado a que ela tenha sido preliminarmente dirigida ao serviço de atendimento ao cliente ou ao defensor do cliente, do banco reclamado, e desde que não trate de abuso contratual, de valores relativos a danos ou prejuízos, nem de operações abstratas. A organização e o funcionamento do serviço de reclamações do Banco de Espanha, de acordo com o art. 30 da Lei 44/2002, devem estar em conformidade com os princípios de independência, transparência, contraditório, eficácia, liberdade, legalidade e representação, estabelecidos pela Recomendação da Comissão da Comunidade Europeia 98/257/CE, de 30 de março de 1998. O Departamento de Condutas de Mercado e de Reclamações não emite decisões vinculativas, mas informes que, se não acatados, podem gerar uma atuação da área de supervisão específica na instituição recalcitrante. Ana Isabel Blanco García, analisando o modelo espanhol, quando em funcionamento o Serviço de Reclamação do Banco de Espanha, análise que pode ser aplicada à realidade atual, sustenta que tal serviço enquadra-se como um órgão com funções de ombudsman, complementar às outras formas de resolução de disputas, isto é, o SAC e o defensor do cliente, formando um sistema (GARCIA, 2013).

Em 2013, foram registradas 14.313 reclamações e queixas.

O sistema espanhol apresenta semelhanças com o brasileiro em suas limitações: de um lado, têm-se o SAC e o defensor do cliente, aqui, a ouvidoria; e de outro, o serviço de reclamações do banco central, que não são integrados nem buscam atingir os mesmos fins. O foco dos primeiros é a organização do último, a supervisão bancária. Não consideramos um sistema de ombudsman voltado para uma solução efetiva dos litígios entre bancos e clientes. Ainda mais que excluídos do campo de atuação do Banco de Espanha o "abuso contratual" e "valores relativos a danos ou prejuízos", assuntos recorrentes nas relações de consumo envolvendo bancos e clientes.

2.3.1.3 Itália

A Itália, com base no art. 128-bis do Texto Único Bancário (TUB) instituiu, em 2009, o Árbitro Bancário Financeiro (*L'Arbitro Bancario Finanziario* – ABF), um sistema de resolução extrajudicial de controvérsia entre cliente e banco ou outro intermediário envolvendo operações e serviços bancários e financeiros, com jurisdição em todo o território italiano.

Trata-se de um colegiado julgador independente e imparcial, embora mantido e secretariado tecnicamente pelo Banco da Itália, composto de um presidente e dois conselheiros escolhidos pelo banco central italiano, um conselheiro designado por associação dos intermediários e outro por associação de clientes, a fim de representar os diversos interesses dos agentes econômicos envolvidos. O presidente tem um mandato de cinco anos e os demais, de três anos, podendo ser reconduzidos uma única vez.

Pode ser objeto de apreciação e julgamento pelo ABF qualquer controvérsia relativa a operações e serviços bancários, sem qualquer limite de alçada. Contudo, a reclamação deve ser obrigatoriamente dirigida preliminarmente à instituição reclamada, para que ela tenha oportunidade de responder à demanda e adotar as providências que entender cabíveis. E se a pretensão do reclamante envolver uma compensação em dinheiro, o valor não poderá ser superior a 100 mil euros.

A adesão da instituição financeira ao ABF é condição para que o Banco da Itália a autorize a exercer suas atividades.

As decisões são públicas e divulgadas pelo Banco da Itália. Não são vinculativas. Aplica-se apenas uma sanção moral, em caso de descumprimento da decisão, por meio da publicidade da conduta.

Merece destaque o fato de que, de acordo com o art. 5º do Decreto Legislativo de 4 de março de 2010, nº 28, é condição procedimental para o ajuizamento de ação judicial o exaurimento do procedimento de solução de controvérsia estabelecido no âmbito do ABF.

De 2010 a 2013, o ABF recebeu um total de 20.502 recursos das manifestações das instituições financeiras, sendo que, em 2013, foram 7.862.

O ABF lembra um tribunal administrativo, pela sua estrutura e ligação com o Estado, via banco central, mas sem poder coercitivo, o que nos parece estabelecer uma desproporção entre custos e benefícios.

Na Itália há, ainda, uma associação sem fins lucrativos denominada *Conciliatore Bancario Finanziaro*, que oferece ao cliente bancário serviço de solução de controvérsia alternativo ao do Poder Judiciário, por meio de mediador, de árbitro ou do ombudsman. O ombudsman, chamado *Ombudsman-GiurìBancario*, é um colegiado que pode resolver, gratuitamente, a controvérsia, que, em caso de ressarcimento de danos, o valor do pedido não poderá ser superior a 100 mil euros, embora o valor da operação que fundamenta o pedido possa ser superior a esse valor. O Conselho é formado pelo presidente, nomeado pelo Conselho de Estado, por um componente designado pelo Conselho Nacional de Consumidores e Usuários, um designado por associação representante de consumidores e dois designados pela Associação Bancária Italiana, um deles inscrito na Ordem dos Advogados e outro na Ordem dos Comercialistas, com especialização contábil[29]. O recurso ao ombudsman está condicionado a prévio pedido dirigido diretamente à instituição associada. Se o cliente não receber uma resposta da instituição ou considerar insatisfatória a resposta, terá um ano para dirigir-se ao ombudsman, que, por sua vez, deverá decidir em 90 dias. A decisão não vincula o cliente, mas vincula o banco. Se o ombudsman tomar conhecimento de que a instituição não cumpriu sua decisão, ele dará a ela um prazo para o cumprimento. Se ainda assim ela permanecer inadimplente, o ombudsman dará publicidade à inadimplência pela imprensa às custas do banco.

---

[29] É curioso que, em uma associação privada, haja tal influência do Estado, por meio da indicação do presidente do Conselho. Por outro lado, a composição paritária de representantes classistas parece ser uma tradição italiana.

2.3.1.4 Inglaterra

A Inglaterra possui um sofisticado sistema de proteção e de representação do consumidor bancário denominado *The ombudsman scheme*, estabelecido pela Part XVI (artigos 225 e seguintes) e o Schedule 17 do *Financial Services and Markets Act 2000*, voltado para a resolução rápida e informal de litígios por uma pessoa independente. Com base nessa lei, foi instituído pelo Parlamento britânico o *Financial Ombudsman Service* (FOS Ltd.), uma sociedade limitada para fins de garantia, mas sem fins lucrativos, que possui uma Diretoria Administrativa composta por seis membros apontados pela *Financial Conduct Authority* (FCA). Essa agência reguladora e supervisora do sistema financeiro, ao lado da *Prudential Regulation Authority* (PRA), tem como objetivo assegurar a adequada proteção do consumidor, exigindo que ele seja tratado com justiça, proteger a integridade e o desenvolvimento do sistema financeiro britânico e promover a efetiva competição no mercado financeiro. Os diretores do FOS não se envolvem na solução das controvérsias individuais. Sua função é a de fazer com que o serviço funcione adequadamente, assegurando que o ombudsman atue de forma independente em relação às instituições financeiras, às associações de consumidores e ao governo e cumpra a sua missão, além de elaborar relatórios periódicos para a FCA. Eles são competentes para editar regras procedimentais, com aprovação da FCA. Para a atuação na resolução de disputas, o FOS possui um grupo com dezenas de especialistas, ombudsman nomeados pela diretoria.

O FOS adota os critérios internacionais estabelecidos para a identificação de um sistema de ombudsman: independência em relação àqueles sobre os quais ele possui poderes para investigar, efetividade, justiça e dever de prestar contas.

Os serviços são gratuitos para o consumidor. Ele não precisa do auxílio de advogado. Caso haja a opção pela assistência de um advogado, esse custo não será objeto de ressarcimento ou compensação.

Os procedimentos são detalhados pelo *Financial Conduct Authority Handbook* (FCA, 2013), destacando-se, a seguir, os pontos mais relevantes e pertinentes para o presente estudo.

O consumidor precisa apresentar sua reclamação, primeiramente, para a instituição financeira cujo serviço ou produto deu origem à disputa, antes de dirigir-se ao FOS. A instituição tem o prazo de oito semanas para responder. O eventual reclamante tem até seis meses após a resposta final da instituição financeira para dirigir a reclamação ao FOS.

Em caso de pedido de ressarcimento por danos, ele não tem competência para agir quando o valor pedido for superior a 150 mil libras esterlinas.

O ombudsman buscará resolver o litígio com a maior brevidade possível e utilizará os meios que entender mais apropriados para alcançar a solução, incluindo a mediação e a investigação. Pode realizar audiência para ouvir as partes, requerer provas e fixar prazos para serem observados pelas partes durante o procedimento. As informações fornecidas pelas partes deverão ser tratadas segundo o direito que elas têm à privacidade. Respeitado esse direito, as informações poderão ser fornecidas à FCA para que ela as use no exercício de suas funções. A decisão do ombudsman é a última efetuada no procedimento: deve ser por escrito e motivada. O ombudsman decidirá segundo o seu entendimento do que é justo e razoável, nas circunstâncias do caso, levando em consideração leis, regulamentos, códigos de práticas e o que é considerado boa prática bancária à época da decisão. Ele também poderá condenar a instituição a pagar determinado valor a título de compensação por danos materiais e morais. O ombudsman não aplica sanções nem multas. Esse tipo de medida só pode ser aplicado pelo órgão regulador e supervisor, no caso, a FCA, que será informada sobre condutas que possam ter violado suas regras. Caso a decisão seja aceita pelo consumidor, ela vincula a instituição financeira. Se ela não for cumprida voluntariamente, entretanto, a parte interessada deverá recorrer ao Poder Judiciário para executá-la.

O ombudsman poderá delegar seus poderes a um membro do *staff* do FOS, exceto os de decidir sobre a disputa e sobre o fornecimento de informações à FCA.

O ombudsman setorial inglês impressiona pelo nível institucional alcançado, contando com uma regulação detalhada, complexa até, e com forte suporte estatal, apesar de sua independência.

De 2004 a 2014, o serviço tratou 2.357.374 casos, sendo que em 2014 recebeu 512.167 casos novos e resolveu 518.778. O relatório anual de 2013/2014 observa que foi necessária uma década (2004/2014) para se chegar a 1 milhão de consultas e reclamações, mas que bastaram os três últimos anos para que mais de 1 milhão de novos casos fossem submetidos ao FOS. O relatório observa que, embora em 2014 tenha se destacado um assunto em particular envolvendo seguros de pagamento do crédito, o *Payment Protection Insurance* – PPI (389.730 casos novos), esse aumento considerável reflete a ampliação do conhecimento da sociedade britânica a respeito do FOS – houve um empenho na sua divulgação por diversos meios, entre os quais pela mídia – e da confiança no mecanismo. Apesar da quantidade de casos, 58% foram resolvidos dentro de seis meses e 43% dos não referentes ao PPI, em três meses. Segundo o mesmo relatório, 80% dos reclamantes disseram que recomendariam os serviços do FOS a amigos e familiares, mesmo que a decisão não tenha sido a eles favorável, e 70% dos adultos do Reino Unido manifestaram confiança no FOS (2014a).

Esses dados sugerem que o impacto dos serviços do ombudsman, em termos de quantidade, não é de curto prazo, e o aumento de sua procura demanda um trabalho amplo de divulgação e um serviço que adquira, pela correspondência entre o que se divulga e o serviço que se presta, a confiança gradativa dos envolvidos nos conflitos no âmbito do setor financeiro.

2.3.1.5 Irlanda

A Irlanda possui um sistema de ombudsman semelhante ao do Reino Unido, coordenado pelo *Financial Services Ombudsman's Bureau of Ireland*, instituído em 2005, com base no *Central Bank and Financial Services Authority of Ireland Act 2004*, cujos recursos financeiros advêm de uma taxa cobrada das instituições financeiras.

A reclamação também só pode ser encaminhada ao Financial Services Ombudsman depois de ter sido feita à instituição fornecedora do serviço ou do produto bancário e obtido uma resposta, por escrito, insatisfatória ou não ter obtido a resposta no prazo de 40 dias úteis.

O procedimento do FOS irlandês destaca uma fase de mediação, prévia ao início da fase de investigação e de exame das provas, quando é oferecida às partes a oportunidade para que elas cheguem a uma solução acordada, assistidas por uma pessoa treinada e neutra disponibilizada pelo *Bureau* sem custos para as partes. Obtido o acordo, o documento assinado pelas partes torna-se um título executivo. Se não, segue-se o processo, conduzido pelo ombudsman com poderes semelhantes ao de um juiz, por meio do qual é garantido o contraditório, sendo cabível, inclusive, a realização de audiência de instrução caso seja necessária a produção de prova oral. No que se refere ao *enforcement* de suas decisões, contudo, se elas não forem cumpridas voluntariamente, o ombudsman precisa solicitar uma ordem judicial. A decisão do ombudsman vincula as duas partes. Uma peculiaridade que merece ser ressaltada é que, dessa decisão, cabe apelação para a Alta Corte, órgão do Poder Judiciário, revelando que a proximidade entre o mecanismo de solução extrajudicial e o judicial é tal que poderíamos dizer tratar-se de um sistema misto com a vantagem de, se for necessário ir ao Poder Judiciário, não será preciso passar por todas as instâncias, encurtando-se o caminho até uma solução final e definitiva. A adoção de um modelo como esse, no Brasil, exigiria uma emenda constitucional, por dizer respeito à competência de órgão do Poder Judiciário. Mesmo assim, a constitucionalidade dessa emenda seria discutível sob o argumento de se ferir o princípio da igualdade, cláusula pétrea, por suprimir instâncias para um setor da economia sem justificativa razoável para tratá-lo diferentemente de outros setores. E, de qualquer sorte, ela seria de proveito duvidoso porque poderia implicar uma nova carga de processos para um tribunal superior – o Superior Tribunal de Justiça, digamos –, já bastante sobrecarregado.

Em 2013, foram recebidos pelo serviço irlandês 7.722 casos novos, dos quais 8.641 foram concluídos (FINANCIAL SERVICES OMBUDSMAN, 2013).

Pelo que se depreende, é um sistema que prestigia explicitamente a mediação, o que vai ao encontro das expectativas de um ombudsman atuante e voltado para uma solução que represente o ganha-ganha, satisfazendo ambas as partes e favorecendo a continuidade da relação. Ele também não desconsidera a importância do *enforcement*, ao conceder ao ombudsman legitimidade ativa para solicitar a tutela jurisdicional.

2.3.1.6 Alemanha[30]

Na Alemanha, existe um sistema de ombudsman estabelecido pela Associação dos Bancos Privados (*Bankenverband*), em 1992, o Ombudsman dos Bancos Privados (*Ombudsmann der Privaden Banken*), visando a oferecer aos consumidores um procedimento rápido e desburocratizado para solução de disputas como alternativa às ações judiciais, normalmente custosas em tempo e dinheiro. Além do consumidor, outras pessoas físicas e jurídicas podem usufruir do esquema quando a disputa for relativa à transferência de créditos ou ao uso inapropriado de cartão de crédito.

---

[30] Algumas informações foram extraídas da palestra proferida pelo professor Klaus Hopt, no STJ, já mencionada.

Em essência, o procedimento é simples: a pessoa faz a reclamação, por escrito, para o ombudsman. Não pode haver um processo judicial relacionado à mesma disputa. O ombudsman verifica se a queixa enquadra-se no âmbito de sua competência. Se não for, o caso é encerrado; se for admissível, o ombudsman encaminha a reclamação para o banco reclamado para que ele responda e tenha a oportunidade de fazer eventual ajuste. Se o banco não concordar com a reclamação, o ombudsman encaminha a resposta para o reclamante para contraditá-la. Após isso, ele decide com quem está a razão, de forma imparcial e independente. Durante esse procedimento, o prazo prescricional é suspenso.

A exemplo do que ocorre, em regra, com os esquemas ou sistemas de ombudsman, os serviços são de graça para o consumidor e, se o consumidor não ficar satisfeito com a decisão do ombudsman, ele pode buscar outros mecanismos de solução, como o Poder Judiciário. Já os bancos associados que aderirem ao sistema (a adesão é voluntária) comprometem-se a acatar a decisão quando a disputa envolve quantia não superior a 5 mil euros.

Os ombudsman são, em geral, ex-juízes ou operadores do direito reconhecidos pelas suas qualificações profissionais, e cumprem um mandato de três anos (BRASIL, 2014).

Em 2013, o número de reclamações recebidas foi de 6.551. De 2009 a 2013, foram 35.007 reclamações (BANKEN VERBAND, 2014).

A Associação de Bancos Públicos da Alemanha e a Associação de Bancos de Poupança também oferecem um serviço de ombudsman.

Um aspecto interessante é que o sistema alemão é um exemplo de uma organização estabelecida pela autorregulação à qual a adesão é voluntária. Assim, em tese, é maior a probabilidade de os aderentes cumprirem as decisões do ombudsman também voluntariamente, sem a necessidade de se recorrer ao Poder Judiciário para se obter a execução forçada. No Brasil, como visto, existe a autorregulação da ouvidoria organizacional no âmbito da Febraban, ao lado da regulação pelo CMN, o que não evita a procura da tutela judicial.

2.3.2 Ásia e Oceania

2.3.2.1 Austrália

A Austrália possui um sistema de resolução de controvérsia externa (*External Dispute Resolution Scheme* – EDR), aprovado pela *Australian Security and*

Investment Commission (ASIC), a agência reguladora do sistema corporativo, do mercado e do sistema financeiro, bipartido nos seguintes subsistemas: o *Financial Ombudsman Service Ltd.* (FOS), formado em 2008, e *o Credit Ombudsman Service Ltd.* (COSL). Toda instituição australiana licenciada que presta serviço financeiro ou de crédito deve ser membro de uma dessas sociedades. Cada membro tem direito a voto na assembleia geral anual da companhia.

Essas sociedades são governadas por um grupo de pessoas representantes dos consumidores e da indústria financeira, cuja função é a de traçar a política da sociedade e a sua estratégia de funcionamento, fixar o seu orçamento e monitorar a performance do serviço, sem envolvimento com o trabalho de ombudsman.

As reclamações podem ser apresentadas por consumidores e por pequenas empresas. Não poderão ter um valor almejado superior a 10 mil dólares australianos.

Os métodos de resolução adotados são a conciliação, a negociação e a decisão de mérito. A tentativa de conciliação é obrigatória em alguns casos, como os em que o reclamante apresenta dificuldades financeiras e busca reestruturar a sua dívida.

Uma primeira decisão pode ser uma recomendação sobre como solucionar o litígio, identificando as ações que devem ser adotadas pelas partes, como o valor da compensação ou o método de cálculo do valor devido. Se a recomendação não for aceita por uma das partes – ela só obriga se as duas a aceitarem –, poderá ser solicitada, no prazo de 30 dias do recebimento da recomendação, uma determinação, decisão de mérito da qual não cabe recurso no âmbito do sistema. Se ela for aceita pelo reclamante, ela vincula ambas as partes. A instituição financeira não pode recusar a determinação.

No período de 1º de julho de 2013 a 30 de junho de 2014, o FOS (2014b) recebeu 31.680 casos novos e concluiu 33.450. No mesmo período, o COSL (2014) recebeu 4.513 reclamações novas e concluiu 4.598. O tempo médio para resolver as reclamações foi de quatro meses.

2.3.2.2 Hong Kong

O *Hong Kong Monetary Authority* informa, em sua página, que reclamações contra bancos podem ser dirigidas àquela instituição, mas que a sua função é cuidar das queixas sob o foco da supervisão bancária, voltada para a estabilidade do sistema financeiro. A autoridade monetária verifica se a instituição está se conduzindo segundo as boas práticas do setor e se está tratando o consumidor de forma justa, mas não interfere nas decisões comerciais dos bancos, não intervém nas disputas entre ele e seus clientes nem determina ao banco o pagamento de compensações aos clientes.

Existe em Hong Kong, entretanto, uma sociedade sem fins lucrativos e com garantia limitada, e equiparada à associação de caridade para fins de isenção tributária, denominada *Financial Dispute Resolution Centre* (FDRC), cujas atividades iniciaram-se em junho de 2012, e cujo objetivo é oferecer "primeiro, mediação, depois, arbitragem", como meios de solução de litígios entre instituições financeiras membros da entidade e seus clientes. Todas as instituições licenciadas pelo regulador para exercer atividades financeiras devem ser membros do FDRC.

No caso de a reclamação ser aceita pelo FDRC, por enquadrar-se no tipo das admissíveis – os reclamantes, *v.g.*, devem ser pessoas físicas ou empresas individuais e o valor da reclamação não pode superar 500 mil dólares de Hong Kong –, será, primeiramente, realizada uma mediação conduzida por um dos mediadores que compõem a lista da sociedade. Caso as partes não atinjam um acordo, o reclamante poderá requerer uma arbitragem, baseada apenas em documentos.

Em qualquer hipótese, existem custas, com valores diferenciados, para o reclamante e para a instituição financeira, e que aumentam conforme o valor da causa e o tempo gasto com os mecanismos de solução da controvérsia, o que faz com que o sistema de Hong Kong seja exceção quanto à gratuidade do serviço para o consumidor e contraria as recomendações de facilitar o acesso para o cliente bancário.

No ano de 2013, o FDRC examinou 2.192 consultas, sendo que 54% eram reclamações relativas a produtos e serviços financeiros.

2.3.2.3 Nova Zelândia

Na Nova Zelândia, uma instituição que presta serviços financeiros para exercer suas atividades necessita ser registrada, e esse registro tem como uma de suas condições a necessidade de se tornar membro de um sistema de resolução alternativa de disputas entre instituições financeiras e seus clientes. Um desses sistemas é o *Financial Dispute Resolution Scheme* (FDRS), estabelecido pelo governo neozelandês e operado pela *Fair Way Resolution*

Ltd., uma empresa pública que administra sistemas de resolução de disputas em vários setores, além do financeiro.Outros são os sistemas administrados pela *Financial Services Complaints Ltd.* e pelo *Banking Obudsman Scheme Ltd.* Os sistemas são semelhantes aos já apresentado anteriormente, no que se refere à governança e ao procedimento, com algumas variáveis na forma de composição da Diretoria – com mais ou menos participação de representantes dos agentes econômicos envolvidos, como do Estado, da indústria e dos consumidores – ou nos valores que limitam o acesso ao mecanismo. Como ocorre no modelo, em geral, não há custos para o consumidor, o consumidor não precisa de advogado para postular, ele não é obrigado a aceitar a recomendação ou a decisão do ombudsman e é livre para recorrer ao Poder Judiciário. Porém, se aceitar a recomendação, ela se torna definitiva e vincula as partes, mesmo que a instituição não concorde com ela. Chama a atenção, no caso da Nova Zelândia, que aparentemente há concorrência entre os prestadores desse serviço de ombudsman, que visa a conquistar, especialmente, as instituições participantes do sistema, que custeiam o seu funcionamento. Esse fator pode influir positivamente na eficiência dos serviços de ombudsman.

Em 2013, o FDRS recebeu 508 reclamações (FDRS, 2013). A FSCL (2014) recebeu 3.159 consultas ou reclamações e abriu investigação em 201 casos. O BOS (2014) recebeu 3.250 casos, levando, em média, 65 dias para resolver as disputas.

2.3.2.4 Índia

O Reserve Bank of India (RBI), o banco central indiano, instituiu o *Banking Ombudsman Scheme* em 1995, aperfeiçoado periodicamente, com o objetivo de atender, de forma rápida e barata, reclamações de clientes contra bancos, de assegurar a correção das práticas bancárias irregulares em relação ao reclamante, de resolver disputas entre eles e entre bancos por meio de mediação, conciliação e arbitragem, bem como de fornecer à autoridade monetária instrumentos para que ela oriente as instituições na melhoria dos seus serviços, entre os quais o de atendimento aos clientes e suas reclamações.

O RBI administra o sistema e nomeia os ombudsman. Existem 15 unidades de ombudsman que cobrem 29 estados e sete territórios.

Inicialmente, o ombudsman busca que as partes cheguem a um acordo, pelo procedimento que ele considerar o mais apropriado, e sem estar limitado pelas leis que disciplinam as provas e sua valoração. Se o acordo não é alcançado, segue-se procedimento que assegura o contraditório, e profere-se uma decisão, com base no direito bancário e na regulamentação do RBI. A decisão somente obriga a instituição financeira se o reclamante a aceita, por escrito, no prazo de 15 dias. O banco deve cumprir a decisão em um mês do recebimento da notícia de que o cliente a aceitou, ou, no mesmo prazo, recorrer dela para uma autoridade revisora, o diretor do departamento do RBI responsável pela administração do serviço de ombudsman (*Appellate Authority*).

Se a instituição financeira não cumprir a decisão, o ombudsman informará o RBI e a autoridade revisora emitirá uma ordem para que o banco a cumpra. O reclamante também poderá dirigir-se a essa autoridade pleiteando a expedição da decisão mandamental.

O ombudsman também poderá atuar como árbitro em um processo de arbitragem, se assim acordado pelas partes.

Foram recebidas, no período de meados de 2012 a meados de 2013, 70.541 reclamações, número próximo dos relativos aos dois anos anteriores, e 69.704 foram resolvidas, a maioria em menos de três meses (RBI, 2014).

Apesar das grandes diferenças entre Brasil e Índia, a começar pelas culturais, o paralelo entre esses dois países é interessante por serem duas repúblicas federativas e democráticas, com uma população grande vivenciando os benefícios e os percalços do processo de passagem do subdesenvolvimento para o desenvolvimento alcançado pelos países do primeiro mundo. Uma parte substancial de sua população está saindo da extrema pobreza para integrar uma classe com uma renda compatível com a dignidade humana, e, com isso, consumindo mais e usando mais os serviços e os produtos bancários. Na Índia, o banco central assume que, como a competição no mercado financeiro tem falhado no que se refere à proteção do consumidor bancário, cabe àquela entidade pública intervir para assegurar que os interesses do consumidor bancário sejam protegidos. Nesta linha, o sistema de ombudsman é gerido e oferecido pelo RBI e conta com a sua autoridade para fazer com que as instituições financeiras cumpram as suas decisões. É um modelo que pode se revelar eficiente também no Brasil, considerando-se a cultura brasileira, já citada, de intervencionismo estatal, e a confiança que o Banco Central do Brasil inspira na coletividade, como sugere a quantidade de registros de reclamações levadas ao RDR. Ele, entretanto, esbarra no atual arcabouço jurídico do sistema financeiro nacional, que não inclui nas atribuições do Banco Central do Brasil a de proteção do consumidor bancário, e seria indispensável a sua inclusão por meio de lei complementar, pelo que se extrai do art. 192 da Constituição Federal de 1988. A eficiência desse modelo, aqui, dependeria também de uma reestruturação do Banco Central do Brasil com ampliação de recursos materiais e humanos para que o serviço fosse adequadamente disponibilizado aos consumidores de todos os estados da Federação, com a consequente ampliação de gastos públicos.

2.3.3 África

2.3.3.1 África do Sul

Na África do Sul foi instituído pelo *Financial Advisory and Intermediary Services Act* nº 37 de 2002 o *The Office of Ombud for Financial Services Providers* (FAIS Ombud), para a apreciação de reclamações de clientes contra instituições prestadoras de serviços financeiros, por meio de um processo justo, informal, célere e econômico, cuja autoridade foi posteriormente reconhecida pelo *Financial Services Ombud Schemes Act* nº 37 de 2004. Essa lei, entretanto, permite a existência de outros sistemas com competência para atuar em matéria que não seja da competência do FAIS Ombud, reconhecidos como tal por um conselho (*Financial Services Ombud Schemes Council*), nomeado pelo ministro das Finanças, a quem deve prestar contas diretamente, desde que atendam às condições legais.

No caso do FAIS Ombud, as reclamações não podem exceder a 800 mil rands, a não ser que a parte reclamada tenha concordado em afastar essa limitação, nem podem, em regra, dizer respeito a performance de um investimento financeiro. O ombudsman não presta serviços de aconselhamento legal.

Outros sistemas existentes na África do Sul são o *Ombudsman for Banking Services* e o *Credit Ombud*. O primeiro sistema foi criado pelo próprio setor bancário em 1997, preocupado com a imagem dos bancos, com as críticas ao setor feitas pelo governo e pelas entidades de defesa dos consumidores, e com a possibilidade de o governo regular a matéria se o setor não estabelecesse uma autorregulação. A ligação do sistema com a indústria bancária gerou uma desconfiança quanto à sua imparcialidade e independência, o que levou a uma série de modificações visando a dar-lhe credibilidade, dentre as quais o estabelecimento de uma diretoria independente, composta de um presidente independente, que seja ou tenha sido juiz, três diretores indicados pela Associação de Bancos da África do Sul e quatro diretores não ligados ao setor bancário. O ombudsman, por sua vez, é indicado por essa diretoria para o exercício de sua atividade durante um período em que ele não pode ser destituído da função, a não ser em caso de incompetência ou má conduta grave, e só presta contas à diretoria, que, entretanto, não interfere em suas decisões referentes aos litígios.

No FAIS Ombud, de 2005 a 2014, foram encaminhadas 65.226 reclamações, sendo 9.439 em 2014 (FAIS OMBUD, 2014).

2.3.4 América

2.3.4.1 Canadá

O *Ombudsman For Banking Services and Investments* (OBSI) é o sistema, criado em 1996[31], que, fora da região de Quebec – nesta região, as reclamações são dirigidas à *Autorité des Marchés Financiers*, a autoridade reguladora e supervisora do sistema financeiro de Quebec –, cuida das reclamações e controvérsias envolvendo instituições financeiras e clientes canadenses, com base em critérios estabelecidos pelo Departamento de Finanças Federal e sob a supervisão da *Financial Consumer Agency of Canada*. Em termos de organização e de procedimento, o OBSI segue o padrão adotado pela maioria dos sistemas expostos anteriormente. É um sistema organizado por uma sociedade sem fins lucrativos e sem participação societária, dirigida por um corpo de diretores e mantida por recursos provenientes de taxas pagas por seus membros. O ombudsman, embora nomeado pela diretoria, apresenta-se como imparcial e independente e dispõe de um *staff* profissional que lhe dá suporte. O consumidor não precisa pagar nada para usufruir de seus serviços, mas o exame da reclamação esbarra em certas condições, como ser dirigida contra um dos membros do OBSI, ter sido preliminarmente encaminhada à instituição reclamada e não ter sido respondida satisfatoriamente no prazo de 90 dias, ter sido protocolada em até 180 dias após a

---

[31] Inicialmente com o nome de *Canadian Banking Ombudsman*, adotando o nome atual em 2002, em razão da expansão de sua competência para abranger outros setores, como o do de investimentos.

resposta final da instituição ou, na sua ausência, após o término do prazo de 90 dias. Suas recomendações, contudo, não são vinculantes. Caso a instituição não as acate, o OBSI limita-se a tornar público o fato, aplicando, portanto, uma espécie de sanção moral.

O OBSI atuou em 207 casos no ano de 2013, três a menos do que no ano anterior, e a média de tempo para resolvê-los foi de 67 dias (OBSI, 2013).

Há, ainda, um outro sistema, o *ADR Chambers Banking Ombuds Office* (ADRBO), que cuida de reclamações dirigidas contra três instituições específicas, atuando como revisora das manifestações dos ombudsman dessas instituições, e oferece serviços de mediação e arbitragem.

Os bancos canadenses devem possuir um procedimento interno de tratamento de reclamações de clientes e vários mantêm um ombudsman organizacional.

2.3.4.2 Peru

No Peru, caso o cliente tenha procurado a instituição financeira com a qual se relaciona para apresentar uma reclamação e não tenha obtido uma resposta satisfatória para o seu problema, poderá dirigir-se ao *Defensor del Cliente Financiero* (DCF), uma entidade privada, criada em 2003. Também a instituição financeira pode tomar a iniciativa de procurar o DCF na busca da solução de questões concernentes à sua relação com clientes. O prazo que o cliente deve conceder à instituição para uma resposta é de 30 dias, e a reclamação não pode envolver valor superior a 20 mil dólares americanos ou o equivalente em moeda nacional. Como é a regra em sistemas como esse, a questão não pode ter sido ou estar submetida ao exame e julgamento do Poder Judiciário ou de outra autoridade, como as agências reguladoras.

De 2003 a outubro de 2014, o DCF recebeu 12.073 reclamações, sendo 5.792 a favor do cliente. No último ano, foram 443 reclamações (DCF, 2014).

Para um resumo das características básicas, apresentamos a tabela a seguir:

O OMBUDSMAN BANCÁRIO

TABELA 1 – OMBUDSMAN: CARACTERÍSTICAS

	C1	C2	C3	C4	C5	C6	C7	C8	C9	C10	C11	C12	C13
África do Sul	X	X	X		X		X						X
Alemanha		X	X		X	X					X		X
Austrália		X	X		X			X	X	X			X
Canadá		X	X		X	X	X						
Espanha	X	X	X	X									
Hong Kong		X	X					X		X			X
Índia	X		X			X				X			X
Inglaterra		X	X	X	X	X	X			X			X
Irlanda		X	X					X		X	X		
Itália	X	X	X		X			X		X		X	
N. Zelândia	X	X	X		X	X			X	X	X	X	X
Peru		X					X				X		X
Portugal	X	X	X	X	X	X	X						

Fonte: própria.

Características:
C1 – Ente público
C2 – Ente privado
C3 – Setorial
C4 – Organizacional
C5 – Autonomia funcional
C6 – Gratuito para o cliente
C7 – Mecanismo de segundo grau
C8 – Adesão obrigatória do banco
C9 – Decisão vinculativa para o cliente
C10 – Decisão vinculativa para o banco
C11 – Ação judicial em curso como óbice
C12 – Condição da ação judicial
C13 – Limite pelo valor da reclamação

2.4 Lições extraídas da experiência nacional e internacional

Cumpre-nos, neste ponto, após examinar como o ombudsman bancário é disciplinado no Brasil e em outros países, e os resultados práticos da sua utilização em termos numéricos, verificar como podemos aperfeiçoar a prática brasileira por meio de mudanças nas regras jurídicas que regulam o mecanismo, visando a estimular o seu uso e torná-lo mais eficiente em sua missão de contribuir para diminuir a litigância judicial, fortalecer a confiança entre bancos e seus clientes e favorecer a normalidade do mercado de crédito.

O ombudsman, como uma alternativa aos tribunais voltada para a resolução de disputas no âmbito do sistema financeiro e para a proteção do consumidor, tem sido adotado, no percurso das duas últimas décadas, por dezenas de países, especialmente entre os membros da União Europeia e da *Commonwealth*, sem a mesma força no continente americano por razões cujo conhecimento foge ao escopo deste trabalho. Observa-se que já na década de 1990, mesmo antes da grande crise financeira que se iniciou em 2007, portanto, havia uma percepção por organismos internacionais, como o Banco Mundial, ou nacionais, como os parlamentos e associações de bancos, de que era imprescindível oferecer mecanismos mais ágeis e adequados aos tipos de disputas que surgem das relações econômicas e jurídicas estabelecidas entre bancos e seus clientes como uma forma de ampliar a credibilidade das instituições financeiras e o acesso do consumidor à Justiça, entendida como algo mais amplo do que o acesso ao Poder Judiciário.

A preferência pelo ombudsman setorial é quase absoluta, embora ela não implique, necessariamente, exclusão do ombudsman organizacional do processo. Ao contrário, como regra, o ombudsman setorial apresenta-se como uma espécie de segundo grau de jurisdição em relação ao serviço de atendimento às queixas e reclamações de clientes, que pode contar com um ombudsman integrado à organização.

O sistema adotado (*Ombudsman Scheme*) varia em detalhes, conforme a cultura e a tradição jurídica do país: há maior ou menor vinculação com o Estado, mas presente a anuência estatal, em que nos polos extremos encontram-se, por exemplo, a Espanha, cujo sistema de ombudsman é composto de servidores do banco central espanhol e o integra, e a Alemanha, na qual os ombudsman são ligados a associações de bancos e nomeados pela diretoria dessas associações. Também conforme o grau dessa vinculação, a participação das instituições financeiras no esquema é obrigatória ou voluntária. Alguns sistemas são criados por lei, outros, a partir de autorização legal; uns seguem a regras fixadas pelo órgão regulador do sistema financeiro ou códigos de conduta e termos de referência por ele aprovados, outros, a autorregulação. Há os que estão ligados à estrutura da agência supervisora ou do Poder Executivo, como ocorre em Portugal, na Itália, na Índia (no caso, aos respectivos bancos centrais) e na Nova Zelândia (empresa pública), e os que se constituem em sociedades ou associações sem fins lucrativos independentes, como acontece na Inglaterra, na Irlanda e na Austrália (sociedades disciplinadas pelas leis das corporações, mas com responsabilidade limitada e sem fins lucrativos). Há os que são competentes para lidar com um amplo espectro de assuntos, que vão do crédito ao seguro de automóveis e à hipoteca, e há os que são altamente especializados, cuidando só de crédito, só de investimentos, só de seguros, por exemplo. A maioria, entretanto, segue um padrão básico:

- O ombudsman deve ser uma pessoa sem vínculo com o setor bancário ou com entes ligados à defesa do consumidor e escolhido com base em qualificações profissionais e habilidades que lhe atribuam credibilidade perante as partes que demandarem os seus serviços.
- O ombudsman deve ser imparcial e independente, e, para tanto, o ideal é que ele possa exercer suas funções durante um período no qual ele não poderá ser exonerado ou demitido, a não ser por falta grave.
- O ombudsman não se envolve com a administração do sistema, que deve ficar a cargo de um corpo de administradores que, preferencialmente, represente bancos e consumidores de forma equitativa, e que tenha como função garantir o bom funcionamento do sistema, assegurando um processo informal, eficiente, rápido, transparente, com paridade de armas e contraditório.
- O ombudsman deve ser imparcial, independente e apoiado por recursos humanos e materiais compatíveis com o serviço demandado[32].

[32] Nos países com influência britânica é comum, como visto, que a administração dos esquemas seja atribuída a sociedades limitadas, adotando-se um modelo empresarial de gerenciamento do sistema, apesar de essas sociedades serem sem fins lucrativos e de inexistir participação no capital.

- O sistema é mantido por meio de taxas das instituições financeiras.
- O ombudsman corresponde a uma segunda instância: como condição para buscar a sua tutela, a reclamação deve ser dirigida preliminarmente à instituição financeira e o reclamante deve aguardar, durante um prazo determinado, a resposta do provedor do serviço ou produto financeiro.
- O processo, no âmbito do esquema, é gratuito e começa com uma reclamação, que pode ser de pessoa física (consumidor) ou pessoa jurídica (pequena empresa), submetida primeiramente ao exame de admissibilidade, ou seja, se a reclamação atende requisitos como encaminhamento prévio à instituição financeira, tempo entre a resposta da instituição e o encaminhamento da reclamação ao ombudsman, valor da causa, matéria objeto do litígio, se a instituição reclamada é membro do sistema, entre outros. Se inadmitida, não há recurso, e o reclamante deve buscar outros meios para solucionar o conflito; se admitida, é dada oportunidade para a reclamada se manifestar e para a reclamante contraditar e também para as partes chegarem a um acordo por meio de uma mediação ou pela formulação de uma recomendação. Sem acordo ou aceitação da recomendação, recorre-se a uma decisão definitiva do ombudsman (em alguns sistemas chamada de determinação) que, se aceita pelo consumidor, vincula a instituição financeira; se não, nenhuma das partes fica obrigada e o consumidor pode ir ao Poder Judiciário. Em regra, aliás, não se pode excluir o acesso ao Poder Judiciário[33]. O ombudsman não aplica multas ou sanções. O cumprimento das decisões do ombudsman, se não for voluntário, depende da tutela judicial, não possuindo o ombudsman poder para realizar a execução forçada.

Esse modelo de sistema de ombudsman apresenta vantagens em relação ao acolhido atualmente no Brasil? Ele poderia ser adotado aqui? Ele impactaria na taxa de litigância judicial? Que modificações institucionais seriam necessárias?

---

[33] No caso da Itália, vale lembrar, a reclamação ao ombudsman é condição para se propor a ação judicial.

O sistema do ombudsman setorial, nos moldes essenciais do *Financial Ombudsman Scheme*, apresenta-se idealmente mais adequado e vantajoso para a solução extrajudicial de conflitos entre instituições que integram o sistema financeiro e os consumidores de seus produtos e serviços do que o modelo organizacional instituído no Brasil, pelo CMN, sob a forma de ouvidorias bancárias. Primeiramente, porque ele não exerce uma atividade secundária, como acontece quando ela é realizada no âmbito da instituição financeira, mas uma atividade fim e razão de ser de uma entidade criada especificamente para exercê-la. Com efeito, o compromisso da organização e das pessoas que integram a empresa tende a ser menor em relação a atividades consideradas acessórias e menos importantes do que as que dizem com o seu objetivo, que é lucrar, por mais que se enfatize a sua função social e a exigência de se tratar com equidade o cliente. E, no caso dos bancos, sendo a sua atividade fim a intermediação financeira, é natural a resistência interna em desviar recursos e tempo dedicados a essa atividade para uma de solução de conflitos individuais com clientes. É provável que os administradores de uma instituição, como o Banco do Brasil S.A., por exemplo, que possui mais de 60 milhões de clientes, considerem insignificantes as cerca de 19 mil reclamações anuais recebidas por sua ouvidoria, e concluam que, em termos de custos e benefícios, é mais vantajoso, para minimizar os riscos de imagem, fazer despesas com propaganda e marketing, que repercutem mais devido ao alcance dos meios de comunicação, do que com a atuação da ouvidoria. Por outro lado, é pouco provável que esses mesmos administradores entendam que a decisão de trazer, para dentro da empresa, parte das milhares de disputas entre a instituição e seus clientes atualmente submetidas ao Poder Judiciário vai ao encontro do seu dever de diligência e de bem administrar, considerando-se a estrutura e os recursos materiais e humanos necessários para o funcionamento eficiente do serviço. O Banco do Brasil S.A. era, em 2011, parte em 850 mil processos que tramitavam na Justiça (BRAGA, 2012). Caberia à empresa fazer um cálculo para verificar se, em termos de custo de transação, é melhor ou não deixar que o Poder Judiciário, apesar de sua lentidão, cuide do assunto, do que chamar para si essa responsabilidade, ainda que de forma alternativa ou complementar. A manutenção de um departamento jurídico e o uso de escritórios de advocacia como correspondentes para tratar desse contencioso tem um custo. Segundo Marcio Aith (2000), um diretor de banco por ele entrevistado relatou que a instituição gastava, mensalmente, R$ 1,1 milhão com a estrutura do seu departamento jurídico. É de se presumir que uma estrutura necessária para uma ouvidoria organizacional que funcionasse como uma alternativa eficaz ao Poder Judiciário também exigisse despesas consideráveis. De qualquer sorte, a lógica leva a deduzir que os custos serão menores e os benefícios, compensadores, se forem compartilhados e pulverizados entre diversos integrantes do mesmo setor, e se a responsabilidade for assumida por um ente especializado, desenhado para se dedicar prioritariamente, se não exclusivamente, à resolução extrajudicial de litígios entre instituições financeiras e seus clientes, e para racionalizar a gestão dos custos.

Nada impede, contudo, que se atribua à instituição financeira a faculdade – e não a obrigatoriedade, como é hoje – de instituir uma ouvidoria em sua organização como política administrativa e de gestão de riscos, porque não há incompatibilidade. A instituição do ombudsman no âmbito da organização seria induzida pela vantagem competitiva. Deve-se manter obrigatória, porém, a existência de um serviço de atendimento ao cliente que possa ser o primeiro canal para a reclamação ou queixa. De outra parte, é duvidosa a eficiência do estabelecimento da procura desse serviço como condição para se recorrer ao ombudsman setorial, que no modelo padrão age como uma segunda instância. Um estudo de junho de 1993 do *National Consumer Council*[34] britânico dizia que a maioria das pessoas interrogadas por ele considerava que a exigência do exaurimento do procedimento interno de reclamação da instituição financeira, antes de se buscar o ombudsman, era uma completa perda de tempo (apud Comissão das Comunidades Europeias, 1993). Temos dúvidas se essa percepção não permanece a mesma ainda hoje e se ela não é idêntica aqui no Brasil, uma vez que, em relação a esse serviço, não foram feitas inovações substanciais de lá para cá. Esse filtro força o consumidor a buscar primeiramente a instituição financeira porque muitos problemas, especialmente os mais simples, podem ser resolvidos de imediato pela agência ou pelo SAC, sem formalidades complexas. Ele pode, contudo, desestimular a procura do ombudsman por criar mais um ônus para o consumidor já irritado e desconfiado do processo. E pode, também, incentivar a instituição a não se empenhar na solução imediata do conflito, uma vez que é mais cômodo deixar que a solução seja dada pelo ombudsman setorial perante o qual

---

[34] O *National Consumer Council* passou a se chamar *Consumer Futures* em 2013.

ela terá que repetir a resposta no procedimento ali aberto – um *bis in idem* procedimental – e obterá do ombudsman uma conclusão menos questionável tanto internamente quanto pelo cliente. Diante da existência de um ombudsman setorial, isto deveria ser apenas uma faculdade, embora amplamente divulgada, podendo o cliente dirigir-se diretamente ao ombudsman setorial sem precisar procurar, preliminarmente, a instituição financeira.

Depois, embora a presença das ouvidorias nos bancos tenha, entre outras, a finalidade de resolver demandas individuais, o seu foco principal, aquela função que mais justifica a sua existência e o seu custo perante os controladores e administradores das instituições financeiras, é a de obtenção de dados sobre os clientes e suas demandas que permitam à empresa melhorar a qualidade de seus produtos e serviços, conquistar fidelidade e garantir a continuidade do negócio em um ambiente de concorrência. A ouvidoria organizacional representa precipuamente um instrumento de mudança da cultura da empresa no que se refere ao tratamento dado aos consumidores globalmente, a partir da interação que com eles tem, e a participação na solução de questões consumeristas localizadas ou individualizadas é apenas uma de suas atribuições.

Por razão semelhante, isto é, por escapar à especialização da entidade, não parece a melhor opção que essa atividade seja entregue a um órgão supervisor como, no caso do Brasil, o Banco Central, porque também aí se trataria de função secundária, vale dizer, apenas um instrumento de política monetária focado naquilo que afeta o sistema financeiro como um todo e não na proteção individual do consumidor. Portanto, a escolha espanhola – parecida com a brasileira, embora esta última não possa ser considerada um sistema de ombudsman, porque não visa a representar ou a proteger o consumidor individualmente –, em que as reclamações são dirigidas a uma unidade do banco central encarregada de dar respostas aos consumidores bancários e de encontrar solução para a disputa, não parece a mais eficaz. O Banco Central do Brasil, de acordo com o arcabouço jurídico vigente, deve concentrar-se em manter o poder de compra da moeda e a higidez do sistema financeiro. A defesa do consumidor, em princípio, não é função de um banco central. O cumprimento de sua missão, porém, pode requerer que as autoridades reguladoras e supervisoras estabeleçam instrumentos que fortaleçam a confiança do cliente nas instituições financeiras. Essas autoridades assim agiram, por exemplo, quando induziram, via regulação, a criação do Fundo Garantidor de Crédito (FGC), uma pessoa jurídica de direito privado mantida pelas instituições financeiras, que integra a rede de proteção dos clientes bancários, cuja função é assegurar-lhes que, em caso de quebra da instituição financeira com a qual eles têm relacionamento, eles receberão o valor depositado até um limite fixado. Vale repetir que se poderia fazer uma opção por instituir um sistema de ombudsman setorial que integrasse a estrutura do Banco Central do Brasil, a exemplo do que ocorre na Índia, mas seria necessário que uma lei complementar incluísse, como atribuição do Banco Central do Brasil, a de proteção e defesa dos direitos do consumidor bancário, cujo procedimento legislativo, como é sabido, é mais complicado pela exigência de quórum qualificado.

O modelo do ombudsman setorial pode, também, contribuir para se superar o obstáculo criado pela desconfiança do consumidor em relação à outra parte e à independência e imparcialidade do mecanismo, desde que ele se revele para a comunidade desvinculado dos bancos e seja respaldado pelo Estado. Em um ambiente em que a reputação dos banqueiros é fortemente negativa, afetando até a credibilidade do capitalismo em sociedades que sempre o defenderam, como a norte-americana (THE ECONOMIST, 2014), em decorrência da crise que se iniciou em 2007, um ombudsman setorial ligado a uma associação de bancos como a Febraban, por exemplo, dificilmente teria sucesso no Brasil, cujo ambiente é menos amigável ainda. E se, de fato, o setor bancário possuísse real interesse no instituto do ombudsman setorial, ele já teria se valido da autorregulação para disponibilizá-lo, considerando-se que não se trata de um mecanismo novo, já utilizado pelo setor bancário em outros países há, pelo menos, uma década. Ademais, a história brasileira indica que, desde a fundação do país, pela predominância de governos intervencionistas eleitos ou não, a opção política pela intervenção estatal nas relações econômicas é melhor recebida por parte da sociedade que parece confiar mais no Estado do que no sistema de mercado. O ideal é deixar para o Estado a regulação residual daquilo que a autorregulação é incapaz de disciplinar, a proteção efetiva dos direitos como o de propriedade e a garantia do cumprimento das obrigações estabelecidas contratualmente, mas como o setor bancário não teve essa iniciativa, propõe-se uma intervenção estatal moderada visando ao estabelecimento do sistema de ombudsman financeiro ou bancário no Brasil.

O recomendável, portanto, seria que o sistema de ombudsman financeiro ou bancário no Brasil fosse criado a partir de uma iniciativa do Estado, mas sob a responsabilidade do setor privado, o que poderia facilitar a sua aceitação pelos clientes bancários e forçaria o setor bancário a aperfeiçoar o tratamento das disputas entre bancos e clientes. Isto poderia ser feito pelas instituições financeiras por provocação do CMN, com base no art. 3º, V, da Lei nº 4.595, de 1964, que diz que a política daquele conselho objetivará propiciar o aperfeiçoamento das instituições e dos instrumentos financeiros visando à maior eficiência do sistema de pagamentos e da mobilização de recursos, e no art. 4º,V e VIII, do mesmo diploma, que estabelecem que compete ao CMN disciplinar o crédito e regular o funcionamento das instituições financeiras. Como observado, o sistema de ombudsman representa um aperfeiçoamento institucional destinado a promover uma relação mais estável e duradoura e de maior confiança entre bancos e seus clientes, na medida em que favorece soluções mais céleres, equitativas e previsíveis nas disputas entre eles, com possíveis reflexos no acesso ao crédito, ampliando-o, e nos juros cobrados, reduzindo-os, ao minimizar riscos de inadimplência. O induzimento, por parte do Estado, via CMN, da constituição de um sistema pelo setor financeiro tem um precedente bem-sucedido: o FGC. A criação do fundo foi autorizada pela Resolução nº 2.197, de 31 de agosto de 1995. O fundo é administrado por uma pessoa jurídica de direito privado sem fins lucrativos, cujo estatuto e suas modificações são aprovados pelo CMN[35]. A constitucionalidade da referida resolução foi questionada perante o Supremo Tribunal Federal, entre outras razões, pela suposta violação da reserva constitucional de lei complementar estabelecida pelo art. 192, em sua redação anterior à Emenda Constitucional nº 40, de 29 de maio de 2003, porque o seu inciso VI estabelecia que lei complementar disporia sobre a criação de fundo ou seguro visando a garantir créditos, aplicações e depósitos, e o CMN não poderia suprir a ausência da lei complementar por meio de resolução (BRASIL, 1996). O STF julgou prejudicado o pedido de declaração de inconstitucionalidade, por perda do objeto, em face do fato superveniente que consistiu na revogação do inciso que embasou o pedido, mas sinalizou, no julgamento do pedido de liminar, que o autor da ação tinha razão a respeito da inconstitucionalidade do ato do CMN. A atual redação do art. 192, porém, fala que o Sistema Financeiro Nacional será regulado por leis complementares, sem entrar em minúcias. E, pelo que se extrai de sua leitura, que fala

---

[35] Vide, a título de exemplo, a Resolução CMN nº 2.211, de 16 de novembro de 1995, e a Resolução CMN nº 4.222, de 23 de maio de 2013.

em "estruturado de forma a promover o desenvolvimento" e "em todas as partes que o compõem", a reserva de lei complementar refere-se à matéria que diz respeito à estrutura do sistema financeiro, o que não é o caso do sistema de ombudsman. Mesmo que se exigisse lei complementar, além do fato de a Lei nº 4.595, de 1964, ter sido recepcionada como lei complementar, a criação do sistema encontra respaldo também no art. 28, § 1º, da Lei Complementar nº 101, de 4 de maio de 2000, segundo o qual a prevenção de riscos no âmbito do Sistema Financeiro Nacional ficará a cargo de fundos ou de outros mecanismos criados pelas instituições que o integram. O sistema de ombudsman, como visto, é um mecanismo que contribui para a prevenção de risco de imagem – a boa reputação das instituições financeiras é fundamental para a estabilidade do sistema – e pode colaborar para diminuir as incertezas jurídicas inerentes aos processos judiciais no Brasil, já amplamente examinadas. O CMN, portanto, não estaria invadindo a competência do Congresso Nacional que, genérica e implicitamente, já permitiu a criação de mecanismos dessa espécie.

O sistema de ombudsman poderia ser gerido por uma associação civil, com a finalidade e as atribuições bem definidas, na qual as instituições financeiras e equiparadas deveriam obrigatoriamente associar-se como condição para serem autorizadas a funcionar pelo Banco Central, e contribuir com os recursos necessários para a sua manutenção, a exemplo do que já ocorre com o FGC, por meio de contribuições periódicas e taxas estabelecidas na medida exata para suportar a eficiência do serviço, nos termos do seu estatuto, a ser aprovado pelo CMN, sem a utilização de recursos públicos. Essa obrigatoriedade não viola o art. 5º, XX, da Constituição Federal, porque essa garantia fundamental refere-se a pessoas físicas. A respeito, Pontes de Miranda (1971, p. 605-606), em linha semelhante a José Afonso da Silva (2008) observa:

> A liberdade de associação, como a de reunião, é direito da pessoa física. Não pode invocar liberdade de associação, direito do homem, qualquer pessoa jurídica. Se os funcionários públicos de um Município, ou de um Estado-membro, desejam reunir-se, ou associar-se, eles, sim, têm o direito de citar a regra jurídica da Declaração de Direitos; o Município, o Estado-membro, não. Diga-se o mesmo quanto às sociedades particulares: cada sócio tem o direito; a sociedade, não.

Se o setor financeiro questionar a obrigação de pagar a conta da constituição e manutenção de mais um mecanismo voltado para o relacionamento com os clientes, elevando os seus custos, poder-se-á argumentar que a conjugação de esforços pelas diversas instituições, somada à desoneração quanto à existência de uma ouvidoria na organização, diluiria os custos, conforme sugerem a experiência e a lógica. Além disso, essa escolha influiria na diminuição dos custos acarretados pela ida ao Poder Judiciário para solucionar as disputas, como os custos necessários para manutenção de um corpo jurídico, interno e terceirizado, estruturado para atuar nessas demandas judiciais.

Essa associação civil deveria ter uma administração integrada por profissionais capazes de maximizar a sua eficiência sem interferir na independência do ombudsman. O Conselho de Administração poderia ter representante dos consumidores como estímulo ao envolvimento e comprometimento das entidades de defesa do consumidor com o sistema.

Ela deveria prestar contas não só às instituições associadas, mas também à sociedade, por meio da publicação de relatório anual disponível, por exemplo, em uma página na internet e outros meios de comunicação que divulgassem amplamente a existência do sistema e os resultados de sua ação, e ao Banco Central, de modo que a autoridade monetária, com base nas informações trazidas por esse relatório, pudesse propor ao CMN aperfeiçoamentos na regulação da conduta das instituições financeira relativa a seus clientes.

Para assegurar a competência profissional, a independência e a imparcialidade do ombudsman, a lei deveria apontar que a sua escolha pela diretoria da associação recaísse preferencialmente em pessoas com conhecimentos relativos a operações financeiras, à regulação bancária e ao direito do consumidor, e com habilidades de mediador, e que a sua atuação fosse informada pelos princípios da independência, da imparcialidade, da transparência, do contraditório, da legalidade e da equidade. A preferência por ex-magistrados para exercerem a função de ombudsman, como ocorre na Alemanha, é interessante porque tem relação com a credibilidade que deve possuir o ombudsman. Seria conveniente que pessoas respeitadas pela comunidade fossem atraídas para a função a fim de conferirem ao sistema a credibilidade necessária para incentivar a adesão dos agentes.

O processo, no âmbito do esquema, deveria seguir o padrão internacional: uma pessoa física ou uma microempresa faria uma reclamação, por escrito, ao ombudsman. Examinar-se-ia, preliminarmente, se o valor da causa está dentro dos limites estabelecidos, se a matéria objeto do litígio é da competência do ombudsman e se a instituição reclamada é membro do sistema. Se inadmitida, não haveria recurso, e o reclamante deveria buscar outros meios para solucionar o conflito; se admitida, seria dada oportunidade para a reclamada se manifestar e para a reclamante contraditar. Deveria ser oferecida às partes a oportunidade de chegarem a um acordo por meio de uma audiência de mediação. Sem acordo, formular-se-ia uma recomendação. Sem aceitação da recomendação, recorrer-se-ia a uma decisão definitiva do ombudsman que, se aceita pelo consumidor, vincularia a instituição financeira; se não, nenhuma das partes ficaria obrigada e o consumidor poderia ir ao Poder Judiciário. O cumprimento das decisões do ombudsman, se não fosse voluntário, dependeria da tutela judicial, não possuindo o ombudsman poder para realizar a execução forçada. Seria conveniente que fosse estabelecido por lei ordinária, de iniciativa do Poder Legislativo, que os prazos prescricionais ficassem suspensos enquanto tramitasse o procedimento no sistema de ombudsman e que a decisão definitiva do ombudsman se constituísse em título executivo equiparado ao judicial, a exemplo do que já ocorre com a sentença arbitral, a teor do art. 515, VII, do novo Código de Processo Civil.

Pode-se indagar se também não seria o caso de se permitir às instituições financeiras a iniciativa de provocar o ombudsman visando à solução da controvérsia, considerando-se, como visto pelos dados trazidos neste trabalho, que elas são autoras em processos judiciais, provavelmente relativos à cobrança de créditos, em uma proporção até um pouco superior àquela em que são rés. Foge ao padrão internacional, mas não percebemos razões para excluir essa possibilidade. Embora o ombudsman, pela sua origem, seja apresentado como representante do cidadão, ou no caso do setor financeiro, como representante do cliente bancário, perante o Estado ou a organização empresarial, a sua característica essencial, muitas vezes repetida, é a imparcialidade, o que se sobressai à atribuição de representante, ou mesmo a contradiz. Se imparcial, ele não representa nenhuma das partes. Caberia apenas limitar o acesso a um valor da causa, para que o sistema não fosse usado em controvérsias envolvendo partes com poder econômico suficientemente forte para se valerem de outras alternativas, como a arbitragem, em detrimento das causas em que é parte o pequeno poupador ou consumidor sem o mesmo poder e os mesmos recursos.

Que matérias poderiam ser objeto das disputas levadas ao sistema de ombudsman? Toda e qualquer controvérsia decorrente da contratação de operações e da prestação de serviços em que são partes instituições financeiras e outras autorizadas a funcionar pelo Banco Central e seus clientes, pessoas físicas ou microempresas. Em caso de disputas relativas a valores, estes não devem ser vultosos, a fim de que o sistema seja utilizado preferencialmente pelo consumidor, o que justifica a limitação da competência do ombudsman a causas cujo valor não ultrapasse, por exemplo, o dobro do limite estipulado para os juizados especiais cíveis.

A experiência internacional sugere que a criação de um sistema de ombudsman voltado para o setor financeiro no Brasil, com as devidas adaptações à nossa realidade, não significaria a importação de um modismo imposto por entes supranacionais, mas o acolhimento de um modelo extrajudicial de solução de controvérsias que tem se expandido globalmente devido à observação de que ele tem produzido, onde adotado, resultados positivos no que tange à proteção dos consumidores e à estabilidade e equilíbrio das relações entre eles e as instituições financeiras.

Contudo, essa experiência também indica que o impacto imediato desse sistema na taxa de litigância judicial brasileira será pequeno e que poderá demorar pelo menos uma década para que ele adquira a credibilidade necessária e contribua de forma mais substancial para a diminuição daquela taxa. Ora, tanto os números de reclamações anuais apresentados pela grande maioria dos relatórios dos sistemas de ombudsman estrangeiros citados anteriormente quanto os do RDR e dos Procons não passaram dos 100 mil casos em 2013 e 2014, em cada um desses sistemas, independentemente da população do país – na Índia, por exemplo, com mais de um bilhão de habitantes, apenas cerca de 70 mil casos novos foram submetidos ao *Banking Ombudsman Scheme* do RBI, no período da metade de 2012 à metade de 2013[36]. O caso inglês é uma exceção alvissareira para a realidade do Poder Judiciário brasileiro: em 2014, foram mais de 500 mil casos tratados pelo mecanismo extrajudicial. Entretanto, foram necessários 10 anos para se alcançar esse número, o que, considerando a situação dramática da Justiça brasileira e os seus efeitos deletérios na nossa economia,

---

[36] Não se procurou neste trabalho, devido às limitações do seu escopo e do tempo para concluí-lo, fazer uma pesquisa em relação às taxas de litigância judicial nos países citados anteriormente para também identificar qual o impacto da disponibilidade do sistema de ombudsman naquelas taxas.

pode significar um tempo muito longo para se aguardar resultados que a aliviem minimamente e que tenha repercussões positivas no ambiente econômico e no crédito em particular. A percepção da ausência de impacto imediato não dever ser, contudo, motivo para a não adoção desse sistema. É preciso cautela para que não seja cometido o erro de, premidos pelas urgências, os agentes políticos e econômicos quedarem-se na perplexidade e desistirem de implementar medidas e de promover ações que possam colaborar para a solução de dilemas e angústias do país a médio e longo prazos. Fazer nada ou limitar-se a casuísmos não é a melhor escolha. Do mesmo modo, não se deve deixar envolver pela ilusão de que há um santo graal capaz de curar todos os males do Poder Judiciário e que só ele apresentará resultados satisfatórios. Se é verdade que o sistema de ombudsman setorial não é a panaceia para, por si só, romper o ciclo vicioso em que ficam aprisionados o setor financeiro e seus clientes e a Justiça, ele se apresenta como um remédio útil para aliviar as dores. E se elas beiram o insuportável, cumpre identificar a dose adequada para acelerar os efeitos do remédio e como aplicá-la. É fundamental, para que o sistema obtenha o resultado almejado, que se invista na sua credibilidade, ampliando a sua boa reputação junto à coletividade.

Neste ponto, cabe fazer um parêntesis para se examinar o papel das instituições, especialmente da lei e da regulação, como conformadoras de condutas, por meio de motivações, a fim de verificar se pode ser eficiente o estabelecimento, pelo Legislador e pelo CMN, de regras que incentivem o uso do mecanismo alternativo de solução de controvérsias, favoreçam a cooperação entre as partes e desestimulem a procura inoportuna da tutela jurisdicional, para depois identificar quais poderiam ser os incentivos e os fatores inibitórios a serem adotados pela nossa legislação capazes de acelerar, no tempo, o sucesso do sistema.

2.5 A regulação como indutora de mudança de comportamento: um parêntesis necessário

Entendemos ser oportuno fazer uma pausa aqui para ressaltar que as nossas propostas à frente são calcadas no nosso pressuposto, sustentado pela observação dos fatos cotidianos e por teóricos neoinstitucionalistas, de que é possível mudar comportamentos, até mesmo aqueles ligados a costumes, crenças e ideologias – certo que neste caso a transformação demanda um tempo mais longo –, por meio do aperfeiçoamento das instituições, e, mais especificamente, das leis e da regulação.

A regulação e a lei, como visto, são instituições, e como tais, possuem inegável papel indutor de condutas, desde que uma e outra sejam eficazes, isto é, sejam claramente compreendidas e cumpridas em todo o seu alcance e sentido. As regras de trânsito que induziram os motoristas e passageiros ao uso de cinto de segurança e ao respeito por condutores de veículos e pedestres da faixa de segurança são exemplos bem conhecidos do seu poder conformador. As regras que proíbem o fumo na maioria dos ambientes, levando à redução do número de fumantes, também são exemplo de que elas são capazes de modificar hábitos (ou vícios)[37]. Para tanto, é necessário que elas sejam estruturadas a partir da compreensão do comportamento humano, de modo a motivá-lo em um sentido e desmotivá-lo em outro, apresentando de forma clara, evidente e segura que segui-las trará benefícios e inobservá-las, malefícios maiores, o que, não raro, legisladores, reguladores e formuladores de políticas públicas esquecem de considerar.

North (2007) faz uma crítica aos economistas, especialmente aos neoclássicos, que baseiam suas hipóteses apenas na assunção de que os indivíduos, em meio à escassez e à competição, decidem racionalmente, visando à maximização da sua riqueza, sob pena de não sobreviverem. Segundo ele, esse entendimento não considera que o comportamento humano é influenciado por uma série de limitações cognitivas e que as escolhas das pessoas são subjetivas e instáveis porque embasadas em informações incompletas e em percepção restrita da realidade. Esses economistas também não levam em consideração que, em certas circunstâncias, o comportamento envolve coordenação e cooperação em vez da competição. As instituições devem vir para suprir essas limitações que provocam insegurança e fazer diminuir o custo da avaliação dos atributos do objeto do negócio, bem como o da proteção dos direitos, do monitoramento dos contratos e do *enforcement* que depende da cooperação das partes. E, para alcançar esse objetivo, devem considerar a motivação dos agentes, a complexidade do ambiente e a habilidade de os agentes decifrarem e ordenarem o ambiente (NORTH, 2007). No caso das relações entre consumidor bancário e bancos, é neces-

---

[37] Em geral, é muito difícil eliminar hábitos. Eles têm a ver com gatilhos, rotinas e prêmios. O caminho mais eficiente para abandoná-los é substituí-los por outros que tragam satisfação ou recompensa semelhante, se não melhor. Vide DURIGG, Charles. **O poder do hábito.** Rio de janeiro: Objetiva, 2012.

sário desenhar instituições que os motivem a cooperar no ambiente atual de incentivo ao consumo e ao endividamento que se contrapõe à oferta limitada de créditos e à cobrança de juros altos, gerando disputas que desaguam preferencialmente no Poder Judiciário, apesar do seu mau funcionamento. Essas instituições devem oferecer aos atores a percepção clara de que, em relações continuadas e que se pretendem duradouras, é mais útil buscar saídas negociáveis capazes de transformar, pelo menos para as partes envolvidas na controvérsia, aquele ambiente de tensão e produtor de incertezas, por meio de mecanismos como o ombudsman. Entendemos que uma boa regulação, elaborada a partir do conhecimento do comportamento humano e do ambiente em que estão inseridos os agentes, pode contribuir para suprir, ao menos em parte, as falhas hoje existentes, incentivar essa cooperação e diminuir ou solucionar de forma mais fácil e menos traumática as disputas no setor, fazendo com que a tutela judicial se torne menos necessária.

A regulação é, no sentido aqui usado[38], a intervenção do Estado na atividade econômica privada por meio de medidas normativas condicionadoras ou conformadoras das condutas dos agentes econômicos, mas de nada vale se não for levada a sério, se não for observada voluntariamente ou por meio da força legítima. A regulação e as Cortes de Justiça têm, entre as suas funções, a de interferir nas relações entre os agentes econômicos, quando as leis do mercado e as forças do contrato falham, quando ocorrem externalidades, quando há assimetria de informações e quando falta competição ou ela é ameaçada, para restabelecer o equilíbrio e a fluidez dessas relações. Há hipóteses em que a opção pela regulação é mais eficiente, há outras em que a única saída é o recurso aos tribunais. Andrei Shleifer (2010), contrapondo-se à visão coaseana de que os contratos são o remédio para as falhas do mercado e substituem a regulação, cabendo às Cortes determinarem o seu cumprimento ou estabelecerem compensação em caso de externalidades, observa que isto vale quando os tribunais funcionam bem, isto é, quando resolvem as disputas de forma barata, previsível e imparcial, e garantem o cumprimento das leis e dos contratos. Do contrário, a regulação merece ser a escolha, como sugere o fato de ser tão disseminada pelo mundo. A regulação, diz Shleifer (2010), cria

---

[38] Julia Black adota um sentido mais amplo para incluir a regulação feita por atores não estatais. A regulação realizada pelos próprios agentes sem que implique intervenção estatal, aqui denominamos de autorregulação.

padrões de conduta homogêneos e mais rígidos, o que diminui os custos de transação e da exigência do cumprimento da obrigação, como também facilita a determinação do dano e de sua compensação em caso de descumprimento, tornando mais previsíveis os comportamentos esperados e as soluções de conflitos. E um ponto central a favor do regulador é que ele tende a ser mais especializado do que o juiz, compreendendo melhor os fatos específicos do setor e o alcance das regras a eles aplicáveis, e mostrando-se menos vulnerável a argumentos falaciosos. O pesquisador não desconhece as imperfeições da regulação como a possibilidade de captura do regulador pela indústria regulada nem da influência política, maior do que em relação aos juízes, e assinala que a escolha se dá entre alternativas que possuem virtudes e fraquezas. Ressalta, entretanto, que essa opção é viável quando feita após uma comparação de qual dos dois meios, nas circunstâncias políticas, históricas, culturais etc., e em relação a determinado ambiente socioeconômico, oferece soluções mais baratas, previsíveis e imparciais para aquelas fálhas não eliminadas pelo mercado nem pelos contratos (SHLEIFER, 2010). No caso brasileiro, o número de processos em andamento no Poder Judiciário e o congestionamento provocado recomendam que se olhe para a regulação como uma estratégia que não pode ser descartada. Ao contrário, ela deve ser a preferida quando se deseja evitar a litigância judicial no setor bancário e, indo além, motivar os atores, no caso bancos e clientes, a preferirem a cooperação e, na ocorrência de conflitos, a conciliação. Evidentemente, o recomendável é que a regulação não se limite a contribuir para suprir as falhas na solução de controvérsias que o Poder Judiciário não é capaz de suprir, criando mecanismos alternativos ou mais adequados. É necessário que ela também, de forma preventiva e complementar, supra falhas de mercado e contratuais por meio de regras claras e precisas que restrinjam a margem de incertezas no âmbito do negócio, diminuindo a possibilidade de geração de controvérsias, ou, no caso de surgimento, facilitando a sua solução. Do contrário, estar-se-á apenas transferindo o problema de um árbitro para outro. Não é uma tarefa fácil, entretanto, considerando-se que o sistema de mercado é dinâmico, e esta dinâmica não deve ser inibida por uma regulação excessiva e extremamente minuciosa que coíba o que o mercado tem de mais precioso, vale dizer, a sua capacidade de inovar produzindo progresso e riquezas. Encontrar o ponto de equilíbrio, em que preservadas a livre iniciativa e a autonomia das vontades, é o grande desafio do regulador. Para vencer esse desafio, um bom método é o da regulação participativa, próxima do que Julia Black (2005) denomina de descentralizada ou policêntrica, em que os diversos atores envolvidos com a matéria regulada exercem um papel na regulação e têm suas perspectivas e interesses considerados. Um passo no sentido da democratização da regulação, ampliando o diálogo entre os diversos agentes e a sua influência nas decisões adotadas no âmbito do sistema financeiro nacional, seria permitir, novamente, maior participação de representantes dos diversos setores da sociedade no CMN. Como incertezas e as consequentes tensões sempre existirão, em face da liberdade e da agilidade do mercado, que devem ser garantidas pelo Estado (arts. 1º, IV, e, 170, da Constituição Federal, 1988), o foco principal do regulador deve ser mesmo na forma mais adequada e eficiente de resolver as disputas inerentes aos negócios.

No âmbito do sistema financeiro, existem três espécies de regulação, em relação às quais há correspondente modelo de supervisão: a prudencial, a sistêmica e a de condutas (JANTALIA, 2013). A primeira espécie equivale a um conjunto de regras voltadas à preservação da capacidade das instituições financeiras de solverem suas dívidas para com os seus credores; a segunda diz respeito àquelas regras cuja finalidade é estabelecer uma rede de proteção ao sistema financeiro, como um todo, de modo a impedir que eventuais problemas que afetem uma instituição contaminem outras num efeito cascata, levando, por contágio, a uma crise sistêmica; e a terceira refere-se ao comportamento das instituições nas suas relações negociais e cuida da assimetria de informações e de cláusulas abusivas, alcançando indiretamente, portanto, as relações de consumo. A regulação do ombudsman bancário, entendemos, insere-se nesta última espécie. De certo modo, a distinção entre uma e outra espécie revela-se bastante tênue devido à estreita inter-relação entre elas. Certamente, o cuidado ou o descuido em relação a uma delas terá implicações em relação às demais, porque, em última instância, as atividades reguladoras e supervisoras das autoridades monetárias visam todas à estabilidade do sistema financeiro e a sua separação é resultado de escolhas de modelos ou estruturas institucionais que pareçam mais eficazes aos olhos do formulador de políticas públicas.

A respeito da eficácia da regulação, seja pela via legislativa, seja pela administrativa, vale mencionar que Robert Cooter e Hans-Bernd Schafer (2010) relacionam legislação, financiamento e crescimento, e concluem que o que determina o estágio do desenvolvimento financeiro de um país é a lei que protege o direito de propriedade, assegura o cumprimento dos contratos e salvaguarda os investimentos do público nas sociedades empresariais, por meio de sanções sociais e estatais que os agentes sabem que serão realmente aplicadas na medida necessária ao desestímulo do ilícito, em caso de violação. Eles ponderam (2010, p. 316):

> Além das sanções sociais formais ou informais, os ofendidos por atos ilícitos podem recorrer às sanções impostas pelo Estado como meio de reparação. A parte prejudicada pelo descumprimento de um contrato poderá ameaçar o ofensor com uma ação judicial para exigir pagamento pelos danos materiais. A ameaça de um processo é verossímil, quando a parte que a faz tem condições de ganhar, com a reparação dos danos, um valor maior do que o gasto com os custos da litigância na Justiça. Mantendo as custas em valor baixo, a Justiça eficiente aumenta a credibilidade das ameaças de processo. Nos países ricos, a Justiça resolve muitas disputas rotineiras envolvendo negócios de maneira relativamente eficiente, enquanto, nos países pobres, a Justiça é relativamente ineficiente. [...] Naqueles lugares onde os credores conseguem cobrar suas dívidas a um custo mais baixo, os empréstimos são relativamente abundantes, ao passo que a recuperação de créditos sujeita a custos elevados faz secar o suprimento de empréstimos.

Se o Poder Judiciário brasileiro não é capaz de, sozinho, dar a efetividade à lei que a sociedade requer e, mais particularmente, de atender as expectativas das partes envolvidas nas relações de consumo bancário, parece apropriada a ação do órgão regulador, se não atuando como mediador nos conflitos por vedação legal ou ausência de autorização, no mínimo fixando regras claras, com sanções efetivas, destinadas a prevenir ou solucionar controvérsias de forma útil e eficiente, e a do órgão supervisor, fazendo com que essas regras sejam cumpridas por meios igualmente eficazes. Esta última atribuição encontra suporte em Robert Baldwin e Martin Cave (1999, p. 45, tradução minha), embora eles refiram-se a leis da concorrência:

> Uma agência, além disso, pode desenvolver e aplicar um maior nível de expertise que as partes ou as cortes em lidar com assuntos como a economia de interconexões. Orientações estabelecidas por

uma agência reguladora podem reduzir incertezas e custos de transação para os operadores do que as leis da concorrência ou as cortes. O sistema judicial, ademais, tende a ser lento para desenvolver orientações acerca de matérias relacionadas com a indústria.

Acrescente-se que, como já mencionado anteriormente pelo CNJ, as instituições financeiras tendem a cumprir com menor resistência as regras fixadas pelas autoridades monetárias, provavelmente não por um simples temor reverencial – embora a atuação sancionadora e punitiva da administração tenha seu peso –, mas porque essas regras são elaboradas a partir de uma melhor compreensão do funcionamento do sistema financeiro e de uma troca de informações e conhecimentos entre regulador e regulados, valendo-se de uma linguagem comum, que estimula a cooperação e legitima a coordenação.

Entendendo, assim, o poder da regulação de conformar condutas no sentido de aperfeiçoar a interação entre os agentes econômicos e a solução de seus conflitos, passamos a propor alguns refinamentos legislativos e regulatórios visando a estabelecer incentivos e desestímulos apropriados para modificar a atual preferência pelo Poder Judiciário em favor do sistema de ombudsman e acelerar o impacto positivo na taxa de litigância judicial envolvendo o setor bancário.

2.6 Incentivos e desestímulos

É fundamental que se desenhe uma estrutura institucional que indique com clareza, para cada uma das partes envolvidas em um negócio financeiro ou em uma relação de consumo de produtos ou serviços financeiros, os custos e os benefícios que elas terão ao optar pela via extrajudicial ou pela judicial na busca de solução da controvérsia específica, e convencê-las a escolher a primeira, a do sistema do ombudsman, naquelas hipóteses em que o objeto da disputa não justifica, seja pela pouca complexidade, seja pelo valor, *v.g.*, o uso do pesado e lento aparato judicial e mesmo de advogado. Quais poderiam ser os incentivos e os fatores inibitórios?

A disponibilidade de um esquema de ombudsman, por si só, já traz benefícios para o consumidor e para a instituição financeira que devem servir de estímulo à sua utilização, e o principal deles, em relação à Justiça, é a celeridade. Como visto, a experiência dos sistemas de ombudsman estrangeiros e das ouvidorias mostra que o tempo necessário para a solução da controvérsia dependerá da complexidade do caso, mas que, na grande maioria das reclamações, ela é obtida em poucos meses, quando não em dias, mesmo em hipóteses como a da Inglaterra, em que o volume de casos foi grande. O fator tempo é uma vantagem que faz o ombudsman se tornar mais interessante para o consumidor mesmo em relação aos juizados especiais, que não têm custos em primeiro grau de jurisdição nem requerem a contratação de advogados, mas não são tão rápidos e tendem a se tornar cada vez mais lentos à medida que o volume de processos em tramitação aumenta. Porém, de nada vale a existência deste e de outros benefícios se eles forem desconhecidos dos interessados. É fundamental que o regulador estabeleça a obrigatoriedade de sua ampla divulgação de modo a conscientizar os eventuais beneficiários incentivando-os a seguir de bom grado as regras estabelecidas. Nas regras de trânsito e de combate ao fumo, citadas, a sua ampla divulgação e o trabalho de conscientização das pessoas parecem ter exercido papel tão relevante para o seu cumprimento voluntário quanto a imposição de sanções.

Outro incentivo, que deve constar da regulamentação, além da gratuidade para consumidor, é a exigência de que o ombudsman e os membros de sua equipe sejam não só independentes e imparciais – os juízes, em princípio, também o são –, mas profissionais especializados em bancos e nas regras que disciplinam a atividade financeira e o direito dos consumidores – os juízes, em geral, não são especializados em matéria financeira. E que eles construam um conjunto de decisões coerentes que prestigiem a previsibilidade e a segurança jurídica indispensáveis ao bom andamento dos negócios, talvez o maior anseio das instituições financeiras. Viu-se, porém, que há os oportunistas que buscam se aproveitar da loteria que é a solução dada ao litígio pelo Poder Judiciário porque, em princípio, eles têm menos a perder do que a outra parte, mesmo na hipótese de uma decisão a eles desfavorável, e, por isso, preferirão ir direto à Justiça a procurar primeiro o instrumento alternativo. Cabe à lei processual estabelecer regras que criem uma vantagem comparativa a favor do uso inapropriado da Justiça, tornando o custo da ida ao Judiciário maior do que a alternativa de não ir. De certo modo, ela tenta fazer isto nos arts. 79 e seguintes, do novo CPC, Lei nº 13.105, de 16 de março de 2015, que disciplinam a responsabilidade das partes por dano processual decorrente de litigância de má-fé. O código processual busca também criar um desestímulo por meio da condenação em honorários advocatícios – o novo inclusive ampliou as hipóteses, como se depreende do art. 85. O ideal é que os juízes sejam estimulados a condenarem os oportunistas por litigância de má-fé, e, igualmente, a valorizarem a condenação em honorários de sucumbência, utilizando esses instrumentos processuais para coibir pedidos de tutela judicial evidentemente improcedentes, o que pode diminuir a litigância judicial.

Na Itália há uma regra, fixada por lei, que serviria, aqui, como uma grande conformadora de comportamento e um embaraço aos apostadores: a de estabelecer como condição procedimental para o ajuizamento de ação judicial a busca do procedimento de solução de controvérsia estabelecido no âmbito do sistema de ombudsman. Essa regra poderia ser inserida no ordenamento jurídico brasileiro por meio de lei ordinária de iniciativa do Congresso Nacional? Uma objeção que se poderia arguir em relação a essa regra seria a sua inconstitucionalidade por ofender o art. 5º, XXXV, da Constituição da República, que positiva o princípio da inafastabilidade da jurisdição. A exceção admissível seria apenas a estabelecida pela própria Constituição, no capítulo "Do Desporto", art. 217, §§ 1º e 2º. A composição majoritária do STF entende que este tipo de restrição ao acesso ao Judiciário só pode ocorrer se houver um acordo voluntário entre as partes, pelo que se extrai da interpretação conforme dada por aquela Corte ao art. 625-D, da Consolidação das Leis Trabalhistas, que dispõe sobra a submissão de demanda trabalhista à Comissão de Conciliação Prévia, na ADI-MC 2.139/DF, cujo relator para o acórdão foi o Ministro Marco Aurélio. O obstáculo poderia ser superado, portanto, por meio de previsão contratual. Além disso, a objeção seria válida se fosse exigido o exaurimento da via alternativa para que se pudesse ingressar com a ação judicial, exigência permitida pela Constituição da República anterior mas não pela vigente. É o que se depreende, por exemplo, do acórdão proferido no RE 631240/MG, da relatoria do ministro Luis Roberto Barroso, tratando do requerimento de benefício previdenciário no INSS como condição da ação. O STF entendeu que, enquanto não houver esse requerimento, falta o interesse de agir, porque só após o não atendimento do pedido, seja pela negativa, seja pela ausência de decisão, surge a necessidade e a utilidade da ação, uma vez que o INSS não pode conceder o benefício de ofício. O STF, entretanto, fez questão de realçar que não se pode exigir o exaurimento da via administrativa, e que, se após certo prazo, o requerente não obtiver resposta do INSS, surge o interesse de agir. É verdade que, no caso das relações jurídicas envolvendo produtos e serviços bancários, o exercício do direito independe do seu reconhecimento pela outra parte, mas a lei não poderia estabelecer que o interesse de agir existirá somente a partir do atendimento de uma determinada condição? Uma disciplina parecida com a italiana, com as devidas adaptações, sem exigir o exaurimento do processo alternativo, e com previsão contratual, não se adequaria à exigência do STF? Entendemos que sim, porque a regra não eliminaria o acesso ao Judiciário. Estar-se-ia apenas dizendo que, enquanto não houvesse uma decisão por parte do sistema de ombudsman, inexistiria o interesse de agir, que é uma das condições da ação, porque esse interesse surgiria após a ausência de resposta ou a resposta insatisfatória. Os processualistas preocupados com a crise do Judiciário cada vez mais adotam a teoria de que, mais do que o acesso ao Judiciário, importa o acesso à Justiça, isto é, aos meios de solução de conflitos e de pacificação em que esteja assegurado às partes a paridade de armas, em que elas possam, independentemente de suas forças financeiras e em iguais condições, apresentar os seus argumentos e as suas provas perante um julgador autônomo e imparcial, que não precisa ser necessariamente um órgão do Estado, que decida de forma transparente, de acordo com as regras do jogo e em tempo razoável. Watanabe (1988) afirma que o preceito constitucional não pretende estabelecer o mero acesso formal aos órgãos judiciários. Ele busca assegurar o acesso qualificado à Justiça, isto é, à ordem jurídica justa, por meio da obtenção de tutela jurisdicional efetiva, tempestiva e adequada. Watanabe acrescenta que os meios consensuais fazem parte do conceito de acesso à Justiça como critérios mais apropriados do que a sentença em certas situações pela possibilidade de adequação. Também Dinamarco (2002) aponta como socialmente convenientes e juridicamente legítimas as soluções de conflitos, ainda que na modalidade extraprocessual, por meio da autocomposição (renúncia, submissão e transação) espontânea ou induzida pela interferência de terceira pessoa (conciliador ou mediador), quando são os próprios sujeitos envolvidos no conflito que encontram a pacificação, e da heterocomposição, aquela em que a solução é estabelecida por uma terceira pessoa escolhida consensualmente pelas partes (arbitragem). Ele equivale esses meios ao jurisdicional, no que se refere à sua função social, ressalvando que só o Estado possui o *final enforcing power*, isto é, o poder de dar a palavra final, de forma imperativa e inevitável, sendo vedados os pactos e as imposições que visem excluir o exame judicial.

Para afastar qualquer dúvida da intenção do legislador quanto à inafastabilidade da Jurisdição, seria conveniente que a lei, primeiro, suspendesse o prazo prescricional do direito de ação, e, segundo, fixasse um prazo para que a solução fosse alcançada pelo sistema de ombudsman após o qual o interessado poderia se socorrer da tutela jurisdicional.

Para que a decisão do ombudsman tenha um grau mínimo de *enforcement*, considerando-se que o sistema não tem o poder de obrigar o seu cumprimento, e que só o Poder Judiciário pode forçá-lo, seria conveniente que ela fosse equiparada a título executivo judicial, a exemplo do que já ocorre com a sentença arbitral, nos termos do art. 515, VII, do CPC.

À luz das considerações expostas neste trabalho, propomos, em seguida, um esboço de anteprojetos de lei ordinária e de resolução, visando ao aperfeiçoamento institucional que crie, no nosso ordenamento jurídico, a figura do ombudsman bancário de natureza setorial, como mecanismo alternativo ou complementar à solução de conflitos no setor bancário.

3 ESBOÇOS DE UMA PROPOSTA: ANTEPROJETOS DE LEI ORDINÁRIA E DE RESOLUÇÃO QUE DISPÕEM SOBRE OMBUDSMAN BANCÁRIO

A proposta que oferecemos visa a induzir a criação do sistema de ombudsman setorial no âmbito do sistema financeiro nacional, positivando a base estrutural por meio da fixação de seus elementos essenciais. Acreditamos ser mais conveniente, contudo, deixar a sua regulamentação mais minuciosa aos elaboradores do estatuto da associação e do regulamento do procedimento destinado à solução da disputa, que terão melhores condições para preencher as eventuais lacunas com base em suas experiências e conhecimentos, tendo em mente a realidade posta e suas limitações.

3.1 Esboço de resolução

Resolução n

> Determina a constituição de entidade privada, sem fins lucrativos, destinada a administrar sistema de ombudsman bancário.

O BANCO CENTRAL DO BRASIL, na forma do art. 9º da Lei nº 4.595, de 31/12/1964, torna público que o CONSELHO MONETÁRIO NACIONAL, em sessão realizada em ___/___/_____, de acordo com o disposto nos arts. 3º, inciso V, e 4º, incisos V e VIII, da referida Lei nº 4.595; e no art. 28, §1º, da Lei Complementar nº 101, de 4/5/2000,

RESOLVEU:

Art. 1º – As instituições financeiras e demais instituições autorizadas a funcionar pelo Banco Central do Brasil devem, em associação, constituir, no prazo de um ano, entidades privadas, sem fins lucrativos, destinadas a administrar mecanismo de resolução de controvérsias entre elas e seus clientes, relativas à contratação de operações e à prestação de serviços, denominado sistema de ombudsman bancário.

Art. 2º – Considera-se cliente, para fins desta resolução, pessoa física, microempresa ou empresa de pequeno porte, que possui vínculo não esporádico com a instituição, decorrente de contrato de depósitos, de operação de crédito ou de arrendamento mercantil, de prestação de serviços ou de aplicação financeira.

Art. 3º – É condição para que a instituição financeira seja autorizada a funcionar ou a permanecer funcionando que ela se associe à entidade de que trata esta resolução.

Art. 4º – A receita da associação será constituída exclusivamente pela contribuição das instituições associadas, vedada a cobrança dos clientes de tarifas de qualquer natureza pelo uso do sistema.

Art. 5º – Os estatutos da associação deverão prever a existência de uma diretoria, de um conselho deliberativo e de um conselho fiscal, as atribuições do sistema de ombudsman, os critérios de designação e destituição do ombudsman e o tempo de duração de seu mandato.

Parágrafo único – Os conselhos deliberativo e fiscal deverão ter, pelo menos, um representante dos clientes bancários indicado pelo Banco Central, preferencialmente após consulta à Secretaria Nacional do Consumidor.

Art. 6º – O sistema de ombudsman terá como atribuição receber reclamações e demandas de clientes contra as instituições associadas, e vice-versa, e solucionar as disputas, por meio de conciliação, de mediação, de recomendação e de determinação, segundo procedimento estabelecido em regulamento elaborado pela diretoria, consultado o conselho deliberativo, e aprovado pela assembleia geral.

Parágrafo 1º – O recebimento da reclamação não será condicionado à prévia reclamação perante a instituição reclamada.

Parágrafo 2º – O regulamento deverá estabelecer, como limites para a admissibilidade da reclamação, o valor da causa, desde que não inferior ao que limita o acesso aos Juizados Especiais cíveis, e prazos contados da ocorrência do fato objeto da demanda não inferiores a seis meses.

Parágrafo 3º – O regulamento deverá prever, como obrigatória, audiência de conciliação ou mediação, prévia à decisão do ombudsman.

Parágrafo 4º – Os atos procedimentais deverão ser conduzidos pela mínima formalidade, respeitado o contraditório, pela imparcialidade, pela legalidade, pela transparência, pela celeridade e pela eficiência, e as recomendações e decisões deverão ser escritas e motivadas de forma objetiva e compreensível para o cliente.

Parágrafo 5º – As reclamações e queixas dirigidas ao Banco Central e registradas no RDR poderão ser encaminhadas pela autarquia ao sistema de ombudsman para as providências de sua alçada.

Art. 7º – Os órgãos deliberativos e executivos da associação assegurarão a independência e a imparcialidade do ombudsman, vedada a interferência na condução do procedimento e nas suas decisões, e garantirão os recursos humanos e materiais necessários para o funcionamento eficiente do sistema.

Art. 8º – O ombudsman deverá ser a pessoa que possua reputação ilibada e notórios conhecimento e experiência para bem dirigir o mecanismo de solução extrajudicial de disputas entre consumidor e fornecedores de produtos e serviços bancários, especialmente referentes à mediação, mas sem vínculo como o setor bancário ou com entidades de defesa do consumidor há pelo menos seis meses, escolhida pela diretoria e aprovada pelo conselho deliberativo para exercer a função durante um período fixado no regulamento.

Parágrafo único – O ombudsman não poderá ser destituído de suas funções, durante o mandato, a não ser em caso de falta grave, definida no regulamento, por decisão da diretoria, aprovada pelo conselho deliberativo.

Art. 9º – A associação de que trata esta resolução deverá apresentar ao Banco Central, anualmente, relatório de suas atividades e dos resultados obtidos, bem como disponibilizá-lo em sua página na internet para conhecimento público.

Art. 10 – O estatuto da associação e o regulamento do sistema de ombudsman deverão ser aprovados pelo CMN e o seu cumprimento supervisionado pelo Banco Central.

Art. 11 – A associação de que trata esta resolução deverá divulgar ampla e, no mínimo, semestralmente o sistema de ombudsman, por meios de comunicação de grande alcance junto à coletividade, e as instituições associadas deverão divulgá-lo em suas páginas na internet, nos contratos celebrados, nos extratos bancários e em outros canais de comunicação utilizados para difundir seus produtos e serviços.

Art. 12 – A instituição de componente organizacional de ouvidoria, de que trata a Resolução CMN nº 3.849, de 25 de março de 2010, passa a ser facultativa para as instituições associadas da associação de que trata esta resolução.

Art. 13 – O descumprimento desta resolução, do estatuto da associação e do regulamento do sistema de ombudsman, pelas instituições financeiras, ficará sujeito às sanções previstas no art. 44 da Lei 4.595, de 1964.

Art. 14 – Esta resolução entra em vigor na data de sua publicação.

3.2 Esboço de lei

> Dispõe sobre reclamação ao ombudsman bancário como condição para a propositura de ação judicial.

Art.1º – A ação de cliente contra instituição financeira, que tenha como causa de pedir matéria passível de ser submetida ao sistema de ombudsman bancário, nos termos da regulação do Conselho Monetário Nacional e do Banco Central do Brasil, não poderá ser proposta antes de o cliente reclamar perante o mecanismo extrajudicial de solução de conflitos, se a condição for prevista no contrato ou de qualquer forma aceita voluntariamente pelas partes.

Art. 2º – O cliente poderá propor a ação judicial se o ombudsman bancário não solucionar a disputa em seis meses ou se não concordar com a solução adotada pelo ombudsman bancário.

Parágrafo único – Enquanto pender procedimento no sistema de ombudsman bancário, até um ano da apresentação da queixa ou reclamação, ficará suspensa a prescrição.

Art. 3º – A decisão definitiva do ombudsman bancário equipara-se ao título executivo judicial.

Art. 4º – Esta lei entra em vigor na data da sua publicação.

4 CONCLUSÃO

As instituições, a fim de tornarem a convivência social mais harmoniosa e menos conflitante, têm como função essencial minimizar os impactos das incertezas inerentes à interação humana, que decorrem da capacidade limitada do ser humano de perceber a realidade e de obter informações, bem como dos interesses diversos que as pessoas têm sobre bens escassos, que, não raro, se contrapõem e geram disputas. A inadequada gestão dessas incertezas e desses conflitos pode comprometer desde as relações de troca e o desenvolvimento que elas produzem, até, no limite, a própria existência coletiva. Para cumprir o seu papel, elas devem restringir a autonomia de vontade das pessoas físicas e jurídicas somente naquelas circunstâncias e na medida em que a vontade precisa ser tutelada, e devem assegurar as consequências das escolhas feitas e das ações correspondentes, e, quando as circunstâncias o permitirem, como no caso das relações continuadas, estimular mais a cooperação e a coordenação do que a competição.

O Estado – legislador, administrador e juiz – possui papel de destaque, seja na criação de instituições formais, como as leis e as regulações, seja na garantia, por meio do monopólio do uso da força, do cumprimento das regras postas. O Poder Judiciário, em especial, pode influir no desenvolvimento social e econômico, positiva ou negativamente, de acordo com a coerência e estabilidade de suas decisões e o tempo que leva para julgar e fazer cumprir os seus julgamentos. No caso brasileiro, a Justiça é demorada e suas decisões percebidas pelos agentes econômicos como sem uniformidade e estabilidade, e com viés anticredor, o que gera uma incerteza jurídica que prejudica o bom funcionamento do sistema de mercado e desfavorece o ambiente de negócios. No que tange ao crédito, ao ampliar os riscos dos credores, o mau funcionamento da Justiça contribui para manter altas as taxas de juros e escasso o crédito de longo prazo, embora isto seja apenas um dos fatores estruturais e conjunturais que sustentam a anormalidade do mercado de crédito.

Uma das principais causas para o inadequado funcionamento do Poder Judiciário é a alta taxa de litigância judicial, espelhada no absurdo número de processos judiciais em andamento, quantidade esta que teima em não se reduzir, apesar de esforços como as diversas reformas na legislação processual e no aperfeiçoamento da gestão judiciária. O congestionamento causado faz com que os jurisdicionados aguardem anos para a solução da disputa sem a certeza de que os seus direitos, como o de propriedade, serão tutelados e de que as obrigações estabelecidas em contrato serão eficientemente executadas e o seu descumprimento corretamente compensado e sancionado. Com isso, ganham apenas os maus pagadores, e um círculo vicioso é estabelecido e mantido: quanto mais demorada a Justiça, mais os oportunistas a procuram e mais ações judiciais visando a obstar o cumprimento dos termos do contrato de crédito são propostas, mais os credores reagem elevando os juros e restringindo o crédito.

Para enfrentar a crise do Judiciário, os especialistas, dentro e fora da magistratura, têm insistido, cada vez mais, na necessidade do uso de mecanismos extrajudiciais de solução de controvérsias adequados, isto é, apropriados a cada tipo de disputa. Um desses mecanismos é o sistema de ombudsman setorial, não utilizado no Brasil, que pode ser aplicado ao setor bancário atualmente envolvido em uma quantidade substancial de processos judiciais, em conflitos cuja solução não demanda procedimentos formais rigorosos ou análises complexas. No setor bancário brasileiro, utiliza-se hoje o ombudsman organizacional, chamado ouvidor, de eficiência duvidosa. A experiência internacional revela que o ombudsman setorial é adequado para resolver parte significativa dos conflitos envolvendo crédito, por meio da mediação e da conciliação, e que ele alcança soluções céleres e satisfatórias. O ombudsman pode produzir efeitos positivos, a longo prazo, em relações continuadas, como a existente entre consumidor bancário e instituições financeiras, coma ampliação da confiança mútua e da cooperação, e pode, com isso, contribuir para diminuir a litigância judicial. Entretanto, cabe reconhecer, apesar desse sistema, que a litigiosidade judicial não será eliminada. E o seu impacto na taxa de litigância judicial, repetimos, não será de curto prazo. Evidentemente, não pretendemos que o ombudsman seja a solução para a crise do Judiciário nem para a anormalidade do mercado de crédito, mas entendemos que a sua adoção pode colaborar para transformar o ambiente atual e favorecer os negócios.

Para adotar o sistema de ombudsman no setor bancário do Brasil, são necessárias mudanças institucionais, de iniciativa do Parlamento e da autoridade reguladora do Sistema Financeiro Nacional, por meio de lei e resolução do CMN, que incentivem a sua implementação e o seu uso como mecanismo complementar ou alternativo ao Poder Judiciário. Entendemos que as leis e a regulação, instituições que são, têm o poder de conformar condutas e de suprir falhas do mercado, no caso, de crédito, desde que, na sua elaboração, considerem a complexidade do comportamento humano.

O esboço de regras apresentados por este trabalho, levando em conta as deficiências institucionais atuais e o comportamento de consumidores bancários e de bancos, visa a dar uma estrutura inicial ao sistema de ombudsman do setor bancário que torne o seu uso atrativo e eficaz, e acelere o seu impacto na litigância judicial que envolve o setor bancário, e, consequentemente, na diminuição das taxas de juros e na ampliação de crédito mais adequado ao consumidor bancário que não o leve facilmente à inadimplência.

REFERÊNCIAS

AITH, Marcio, O impacto do Judiciário nas atividades das instituições financeiras. In: PINHEIRO, Armando Castelar (Org.). **Judiciário e economia no Brasil.** São Paulo: Sumaré, 2000.

AMARAL FILHO, Marcos J. T. do. **Ombudsman e o controle da administração.** São Paulo: Edusp; Ícone, 1993.

ARAÚJO, Valter Shuenquenerde. **O princípio da proteção da confiança:** uma nova forma de tutela do cidadão diante do Estado. Niterói, RJ: Impetus, 2009.

ARIDA, Persio; BACHA, Edmar Lisboa; LARA-RESENDE; André. **Credit, interest, and jurisdictional uncertainty:** conjectures on the case of Brazil. Rio de Janeiro, 12 jun. 2004. Disponível em: <http://www.febraban.org.br/arquivo/Destaques/Incerteza%20 Jurisdicional.pdf>. Acesso em: 11 set. 2014.

BALDWIN, Robert; CAVE, Martin. **Understanding regulation:** theory, strategy and practice. Nova York: Oxford University Press, 1999.

BANCO CENTRAL DO BRASIL. **Ranking de bancos com mais de um milhão de clientes em junho/2014**. Brasília, DF, jun. 2014a. Disponível em: <https://www3.bcb.gov. br/ranking/idxbg.do>. Acesso em: 18 mar. 2015.

_____. **Ranking de instituições mais reclamadas (histórico até jun./2014)**. Brasília, DF, jun. 2014b. Disponível em: <http://www.bcb.gov.br/?RANKINGHIST>. Acesso em: 25 set. 2014.

_____. **Relatório de economia bancária e crédito**. Brasília, DF, 2013. Disponível em: <http://www.bcb.gov.br/pec/depep/spread/rebc_2013.pdf>. Acesso em: 6 fev. 2015.

BANCO DO BRASIL. **Assembleia Geral de Acionistas**. 6 jun. 2014. Disponível em: <http://www.bb.com.br/docs/pub/inst/dwn/EstOrgBancoCom.pdf>. Acesso em: 31 out. 2014.

_____. **O que é a Ouvidoria BB?** (n.d.). Disponível em: <http://www.bb.com.br/portalbb/page3,101,2700,0,0,1,6.bb?codigoMenu=229&codigoNoticia=19412&codigoRet=457&bread=3>. Acesso em: 31 out. 2014.

_____. **Ouvidoria BB – Relatório institucional 2011**. 2011. Disponível em: <http://www.bb.com.br/docs/pub/inst/dwn/RelatInstOuvid2011.pdf>. Acesso em: 31 out. 2014.

_____. **Ouvidoria BB – Relatório institucional 2013**. 2013. Disponível em: <http://www.bb.com.br/docs/pub/inst/dwn/RelatInstOuvid2013.pdf>. Acesso em: 31 out. 2014.

BANCO MUNDIAL. **Fazendo com que a Justiça conte:** medindo e aprimorando o desempenho do Judiciário no Brasil. 30 dez. 2004. Disponível em: <http://www.amb.com.br/docs/bancomundial.pdf>. Acesso em: 20 set. 2014.

_____. **Good practices for financial consumer protection**. 2012. Disponível em: <http://siteresources.worldbank.org/EXTFINANCIALSECTOR/Resources/Good_Practices_for_Financial_CP.pdf>. Acesso em: 9 out.2014.

BANK OMBUDSMAN SCHEME. **2013/2014 Annual Report**. 30 jun. 2014. Disponível em: <https://bankomb.org.nz/ckeditor_assets/attachments/198/b_omb_ar_2014_final_lr.pdf>. Acesso em: 12 nov. 2014.

BANKEN VERBAND. **Ombudsmann der privaten Banken**. Ago. 2014. Disponível em: <https://bankenverband.de/media/publikationen/ombudsmann-tati.pdf>. Acesso em: 7 fev. 2015.

BARBOSA, Cláudia Maria (Coord.). **Demandas repetitivas relativas ao sistema de crédito no Brasil e propostas para solução.** Curitiba, 29 out. 2010. Disponível em: <http://www.cnj.jus.br/images/pesquisas-judiciarias/Publicacoes/relat_pesquisa_pucpr_edital1_2009.pdf>. Acesso em: 11 set. 2014.

BLACK, Julia. Proceduralization and polycentric regulation. **Revista Direito GV**, Especial 1, São Paulo, Direito GV, 2005. p. 99-130.

BRAGA, Mariana. Banco do Brasil adota política de desistência de ações judiciais. In: **Notícias CNJ**. 12 nov. 2012. Disponível em: <http://www.cnj.jus.br/noticias/cnj/22112-banco-do-brasil-adota-politica-de-desistencia-de-acoes-judiciais>. Acesso em: 20 nov. 2014.

REFERÊNCIAS

BRASIL. Banco Central do Brasil. **50 maiores bancos e o consolidado do Sistema Financeiro Nacional**. Brasília, DF, setembro 2014. Disponível em: <http://www4.bcb.gov.br/top50/port/top50.asp>. Acesso em: 31 out. 2014.

_____. Banco Central do Brasil. **Lei nº 4595**, de 31 de dezembro de 1964. Brasília, DF, 31 dez. 1964. Disponível em: <http://www.bcb.gov.br/pre/leisedecretos/Port/lei4595.pdf>. Acesso em: 22 mar. 2015.

_____. Código de Processo Civil (CPC). **Lei nº 5.869**, de 11 de janeiro de 1973. Disponível em: <http://www.planalto.gov.br/ccivil_03/LEIS/L5869compilada.htm>. Acesso em: 23 mar. 2015.

_____. Código de Processo Civil (CPC). **Lei nº 13.105**, de 16 de março de 2015. Disponível em: <http://www.normasbrasil.com.br/norma/lei-13105-2015_282063.html>. Acesso em: 23 mar. 2015.

_____. Conselho Monetário Nacional (CMN). **Resolução nº 2.878**, de 26 de julho de 2001. Disponível em: <http://www.bcb.gov.br/pre/normativos/res/2001/pdf/res_2878_v4_P.pdf>. Acesso em: 23 mar. 2015.

_____. Conselho Monetário Nacional (CNJ). **Resolução nº 2.892**, de 27 de setembro de 2001. Disponível em: <http://www.leasingabel.com.br/site/Adm/userfiles/Resolucao_2892.pdf> Acesso em: 23 mar. 2015.

_____. Conselho Monetário Nacional (CNJ). **Resolução nº 3.919**, de 25 de novembro de 2010. Disponível em: <http://www.bcb.gov.br/htms/normativ/RESOLUCAO3919.pdf>. Acesso em: 25 mar. 2015.

_____. Conselho Monetário Nacional (CNJ). **Resolução nº 4.196**, de 15 de março de 2013. Disponível em: <http://www.bcb.gov.br/pre/normativos/res/2013/pdf/res4196v1O.pdf>. Acesso em: 15 mar. 2013.

_____. Conselho Monetário Nacional (CNJ). **Resolução nº 4.433**, de 23 de julho de 2015. Disponível em: <http://www.bcb.gov.br/pre/normativos/busca/downloadNormativo.asp?arquivo=/Lists/Normativos/Attachments/48509/Res_4433_v1_O.pdf >. Acesso em: 26 de julho de 2016.

_____. Justiça Federal. Conselho da Justiça Federal. **Ministros do STJ prestigiam palestra de professor alemão sobre Ombudsman de Bancos privados**. Brasília, 10 fev. 2014. Disponível em: <http://www.cjf.jus.br/cjf/noticias-do-cjf/2014/fevereiro/ministros-do-stj-prestigiam-palestra-de-professor-alemao-sobre-ombudsman-de-bancos-privados>. Acesso em: 18 mar. 2015.

_____. Ministério da Justiça. Sistema Nacional de Informações de Defesa do Consumidor (Sindec). **Cadastro Nacional de Reclamações Fundamentadas**. Brasília, DF, 2011. Disponível em: <http://dados.gov.br/dataset/cadastro-nacional-de-reclamacoes-fundamentadas-procons-sindec/resource/513ef068-2209-4fa9-9f77-d2874cc16b23>. Acesso em: 23 set. 2014.

_____. Presidência da República. Casa Civil. **Constituição da República Federativa do Brasil**, de 5 de outubro de 1988. Disponível em: <https://www.planalto.gov.br/ccivil_03/Constituicao/Constituicao.htm>. Acesso em: 23 mar. 2015.

_____. Presidência da República. Casa Civil. **Lei Complementar nº 101**, de 4 de maio de 2000. Disponível em: <http://www.planalto.gov.br/ccivil_03/Leis/LCP/Lcp101.htm>. Acesso em: 23 mar. 2015.

_____. Presidência da República. Casa Civil. **Emenda Constitucional nº 40**, de 29 de maio de 2003. Disponível em: <https://www.planalto.gov.br/ccivil_03/Constituicao/Emendas/Emc/emc40.htm>. Acesso em: 23 mar. 2015.

_____. Superior Tribunal de Justiça. **Recurso Especial nº 271.214/RS**. Relator para acórdão: ministro Carlos Alberto Menezes Direito. 4 de agosto de 2003, p. 33. Disponível em: <https://ww2.stj.jus.br/processo/revista/documento/mediado/?componente=ITA&sequencial=27861&num_registro=200000792497&data=20030804&formato=PDF>. Acesso em: 10 out. 2014.

_____. Supremo Tribunal Federal. Acórdão. **Ação Direta de Inconstitucionalidade (Adin) nº 1.398-0**. Brasília, DF, 13 mar. 1996. Disponível em: <http://redir.stf.jus.br/paginadorpub/paginador.jsp?docTP=AC&docID=347030>. Acesso em: 15 nov. 2014.

_____. Supremo Tribunal Federal. Acórdão. **Ação Direta de Inconstitucionalidade (Adin-MC) nº 2.139/DF.** Relator para o acórdão ministro Marco Aurélio. Brasília. DF, 13 maio 2009. Disponível em: <http://redir.stf.jus.br/paginadorpub/paginador.jsp?docTP=AC&docID=604545> Acesso em: 15 nov. 2015

_____. Supremo Tribunal Federal. Acórdão. **Ação Direta de Inconstitucionalidade (Adin) nº 2.591-1/DF**. Relator para acórdão: ministro Eros Grau J. Brasília, DF, 7 jun. 2006. Disponível em: <http://redir.stf.jus.br/paginadorpub/paginador.jsp?docTP=AC&docID=266855>. Acesso em: 23 mar. 2015.

_____. Supremo Tribunal Federal. **Recurso Especial nº 631.240/MG**. Relator para acórdão: ministro Roberto Barroso. Minas Gerais, 3 de setembro de 2014. Disponível em: <http://www.stf.jus.br/portal/jurisprudencia/listarJurisprudencia.asp?s1=%28631240%2ENUME%2E+OU+631240%2EACMS%2E%29&base=baseAcordaos&url=http://tinyurl.com/n4yrrg8>. Acesso em: 23 mar. 2015.

CAHALI, Francisco José; RODOVALHO, Thiago. **A necessidade de inclusão das alter-

REFERÊNCIAS

nativas adequadas de solução de controvérsia (conciliação, mediação, arbitragem e outras) como disciplina obrigatória nos cursos de direito. (n.d.). Disponível em: <http://www.cahali.adv.br/arquivos/Cahali-Rodovalho_As_ADR_como_disciplina_obrigatoria_VF.pdf >. Acesso em: 4 dez. 2014.

COMISSÃO DAS COMUNIDADES EUROPEIAS. **Livro verde:** o acesso dos consumidores à Justiça e a resolução dos litígios de consumo no mercado único.Bruxelas,1993. Disponível em: <http://eur-lex.europa.eu/legal-content/PT/TXT/PDF/?uri=CELEX :51993DC0576&from=EN>. Acesso em: 17 nov.2014.

_____. **Recomendação da Comissão da Comunidade Europeia 98/257/CE**, de 30 de março de 1998. Disponível em: <http://www.netconsumo.com/2010/05/rememo-rando-recomendacao-da-comissao.html>. Acesso em: 24 mar. 2015.

CONSELHO NACIONAL DE JUSTIÇA (CNJ). Departamento de Pesquisa Judiciária. **Demandas repetitivas e a morosidade na Justiça Cível brasileira.** Brasília, DF, 2011. Disponível em: <http://www.cnj.jus.br/images/pesquisas-Judiciarias/Publicacoes/pesq_sintese_morosidade_dpj.pdf>. Acesso em: 6 out. 2014.

_____. **Justiça em números 2014 (ano-base 2013)**. 2014. Disponível em: <http://www.cnj.jus.br/images/programas/justica-em-numeros/relatorio_jn2014.pdf>. Acesso em: 24 set.2014.

_____. **100 maiores litigantes**. 2012. Disponível em: <http://www.cnj.jus.br/progra-mas-de-a-a-z/eficiencia-modernizacao-e-transparencia/pj-justica-em-numeros/rela-torios>. Acesso em: 9 set. 2014.

COOTER, Robert D.; SCHAFER, Hans-Bernd. O problema da desconfiança recíproca. In: SALAMA, Bruno Meyerhof (Org.). **Direito e economia:** textos escolhidos. São Paulo: Saraiva, 2010.

CREDIT OMBUDSMAN SERVICE. **Annual Report on Operations 2014**. Sydney, Austrália, 2014. Disponível em: <http://www.cosl.com.au/cosl/assets/File/COSL_annual--report-on-operations-2014.pdf>. Acesso em: 12 nov. 2014.

DEFENSOR DEL CLIENTE FINANCIERO (DCF). **Evaluación Anual de Reclamos Ingresados en la DCF**. 2014. Disponível em: <http://www.dcf.com.pe/publicaciones/Estadisticas31-10-2014.pdf>. Acesso em: 12 nov. 2014.

DIAW, Mariteuw Chimère. **Ombudsmen, people's defender and mediators:** independence and administrative justice in state transformation. 2008. Disponível em: <www.odi.org/sites/odi.org.uk/files/odi-assets/publications-opinions-files/4478.pdf>. Acesso em: 21 out.2014.

O OMBUDSMAN BANCÁRIO

DINAMARCO, Cândido Rangel. **Instituições de Direito Processual Civil.** 2. ed. São Paulo: Malheiros, 2002.

ESPANHA. **Lei nº 44/2002**, de 22 de novembro de 2002. Disponível em: <http://www.boe.es/boe/dias/2002/11/23/pdfs/A41273-41331.pdf>. Acesso em: 24 mar. 2015.

FABIANI, Emerson Ribeiro. **Direito e crédito bancário no Brasil.** São Paulo: Saraiva. 2011.

FAISOMBUD. Office of the Ombud for Financial Services Providers. **Annual Report 2013/2014**. 2014. Disponível em: <http://www.faisombud.co.za/sites/default/files/publications/AR%202013-2014.pdf>. Acesso em: 13 nov. 2014.

FALCÃO, Joaquim; SHUARTZ, Luis Fernando; ARGUELHES, Diego Werneck. Jurisdição e Estado de Direito. **Revista de Direito Administrativo.** v. 243. Rio de Janeiro: FGV, 2006. p. 79-112.

FARIA, José Eduardo, **Direito e conjuntura.** São Paulo: Saraiva, 2008.

FEBRABAN. **Autorregulação bancária**. 2008. Disponível em: <http://www.autorregulacaobancaria.com.br/normativos.asp>. Acesso em: 23 mar. 2015.

FERREIRA, Hélio José; SANTOS, Hilma Araújo dos. **Afinal, o que é essa tal de ouvidoria?** São Paulo, 13 mar. 2011. Disponível em: <http://www.abonacional.org.br/artigo.php?codigo=36>. Acesso em: 21 out.2014.

FINANCIAL CONDUCT AUTHORITY (FCA). **Financial Conduct Authority Handbook**. 2013. Disponível em: <http://fshandbook.info/FS/html/FCA>. Acesso em: 5 nov. 2014.

FINANCIAL DISPUTE RESOLUTION CENTRE (FDRC). **FDRC Annual Report**. 2013. Disponível em: <http://www.fdrc.org.hk/en/html/publications/annualreport.php?lang=en>. Acesso em: 24 mar. 2015.

FINANCIAL DISPUTE RESOLUTION SCHEME (FDRS). **2013 Annual Report**. 2013. Disponível em: <http://www.fdr.org.nz/sites/fdr.org.nz/files/FDRS%20Annual%20Report%20-%20Web.pdf>. Acesso em: 21 nov. 2014.

FINANCIAL OMBUDSMAN SERVICE (FOS). **Annual Report and Accounts for the year ended 21 March 2014**. 2014a. Disponível em: <http://www.financial-ombudsman.org.uk/publications/directors-report-2013-14.pdf>. Acesso em: 12 nov. 2014.

_____. **Annual Review 2013-2014**. 2014b. Disponível em: <http://www.fos.org.au/custom/files/docs/20132014-annual-review.pdf>. Acesso em: 12 nov. 2014.

REFERÊNCIAS

FINANCIAL SERVICES COMPLAINTS LTD (FSCL). **2013/2014 Annual Report**. 2014. Disponível em: <http://www.fscl.org.nz/download/FSCL_2014_AnnualReport%20 (Final).pdf?inline>. Acesso em: 12 nov. 2014.

FINANCIAL SERVICES OMBUDSMAN. **Annual Report 2013**. 2013. Disponível em: <https://www.financialombudsman.ie/documents/Financial-Ombudsman-2013-An-nual-Report-English.pdf>. Acesso em: 12 nov. 2014.

FRANCO, Gustavo H. B.; ROSMAN, Luiz Alberto C. A responsabilidade ilimitada em instituições financeiras no Brasil: antecedentes, experiência e considerações. In: **A reforma do sistema financeiro americano:** nova arquitetura internacional e o contexto regulatório brasileiro. Rio de Janeiro: Instituto de Estudos de Política Econômica, Casa das Garças, 2009. Disponível em: <http://www.iepecdg.com.br/Arquivos/regu-lacao/090905_regfin_cdg_completo.pdf>. Acesso em: 2 out.2014.

GABBAY, Daniela Monteiro; CUNHA, Luciana Gross (Orgs.). **Litigiosidade, morosidade e litigância repetitiva no Judiciário:** uma análise empírica. São Paulo: Saraiva, 2012.

GARCIA, Ana Isabel Blanco. El papel del ombudsman bancario en los conflictos banca-rios en España.**Revista Judicial**, n. 108, Costa Rica, jun. 2013. Disponível em: <http:// sitios.poder-judicial.go.cr/escuelajudicial/archivos%20actuales/documents/revs_juds/ revista%20108/PDFs/05-ombudsman.pdf>. Acesso em: 2 nov. 2014.

GIANGRANDE, Vera; FIGUEIREDO, José Carlos. **O cliente tem mais do que razão:** a importância do ombudsman para a eficácia empresarial. São Paulo: Editora Gente, 1997.

GRINOVER, Ada Pelegrini. A conciliação extrajudicial no quadro participativo. In: GRI-NOVER, Ada Pelegrini; DINAMARCO, Candido Rangel; WATANABE, Kazuo. **Parti-cipação e processo.** São Paulo: Revista dos Tribunais, 1988.

INGLATERRA. **Financial Services and Market Act 2000.** Disponível em: <http://www. legislation.gov.uk/ukpga/2000/8/contents>. Acesso em: 24 mar. 2015.

IRLANDA. **Central Bank and Financial Services Authority of Ireland Act 2004.** 2004. Disponível em: <http://www.irishstatutebook.ie/2004/en/act/pub/0021/>. Acesso em: 24 mar. 2015.

ITÁLIA. Texto Único Bancário. **Decreto Legislativo nº 385**, de 1º de setembro de 1993. Disponível em: <http://www.bancaditalia.it/compiti/vigilanza/intermediari/TUB_ aprile_2014.pdf>. Acesso em: 24 mar. 2015.

_____. **Decreto Legislativo nº 28**, de 4 de março de 2010. Disponível em: <http://www.

camera-consob.it/normativa/allegati/dlgs4_3_2010_28.pdf>. Acesso em: 24 mar. 2015.

JANTALIA, Fabiano. Desafios estruturais para a regulação e a supervisão financeiras: o modelo Twin Peaks e sua ascensão no pós-crise. In: SCALQUETTE, Ana Cláudia Silva; SIQUEIRA NETO, José Francisco. **60 desafios do direito:** economia, direito e desenvolvimento. Vol. 2. São Paulo: Atlas, 2013.

LEITE, Celso Barroso. **Ombudsman, corregedor administrativo:** a instituição escandinava que o mundo vem adotando. Rio de Janeiro: Zahar, 1975.

LUCENA FILHO, Humberto Lima. **A cultura da litigância e o Poder Judiciário: noções sobre as práticas demandistas a partir da Justiça brasileira.** Disponível em: <http://www.publicadireito.com.br/artigos/?cod=84117275be999ff5>. Acesso em: 4 dez. 2014.

MANCUSO, Rodolfo de Camargo. **A resolução dos conflitos e a função judicial no contemporâneo Estado de Direito.** São Paulo: RT, 2010.

NORTH, Douglass C. **Institutions, institutional change and economic performance.** 24th print. New York: Cambridge University Press, 2007.

_____. **Institutions, institutional change and economic performance.** New York: Cambridge University Press, 1996.

OMBUDSMAN FOR BANKING SERVICES AND INVESTMENTS (OBSI). **2013 Annual Report**. 2013. Disponível em: <https://www.obsi.ca/images/Documents/Annual_Report/EN/obsi_ar2013_en.pdf>. Acesso em: 13 nov. 2014.

OLIVEIRA, Fabiana Luci; RAMOS, Luciana de Oliveira; SILVA, Paulo Eduardo Alves da. Estudo de caso em consumidor. In: GABBAY, Daniela Monteiro; CUNHA, Luciana Gross (Orgs.). **Litigiosidade, morosidade e litigância repetitiva no Judiciário:** uma análise empírica. São Paulo: Saraiva, 2012.

PAOLI, José S. **Estudo sobre a organização e funcionamento das ouvidorias das agências reguladoras, incluindo a comparação com os casos existentes no Brasil e na experiência internacional, com o objetivo de apoiar o Governo Federal na melhoria da qualidade regulatória.** Brasília, DF: Presidência da República, 2009. Disponível em: <http://www.regulacao.gov.br/trabalhos-de-consultoria/estudo-sobre--a-organizacao-e-o-funcionamento-das-ouvidorias-das-agencias-reguladoras>. Acesso em: 24 set. 2014.

PINHEIRO, Armando Castelar. Impacto sobre o crescimento: uma análise conceitual. In: PINHEIRO, Armando Castelar (Org.). **Judiciário e economia no Brasil.** São Paulo: Sumaré, 2000.

REFERÊNCIAS

PINTO, Odila de Lara. **Ombudsman nos bancos:** agente de mudanças nas instituições bancárias do Brasil. São Paulo: Musa, 1998.

PONTES DE MIRANDA, Francisco Cavalcanti. **Comentários à Constituição de 1967**. Tomo V, 2. ed. São Paulo: RT, 1971, p. 605-606.

PORTUGAL. **Carta-Circular nº 57**, de 30 de julho de 2009. Disponível em: <http://www.bportugal.pt/sibap/application/app1/docs1/circulares/textos/57-2009-DSB.pdf>. Acesso em: 24 mar. 2015.

_____. **Decreto-lei nº 144**, de 17 de junho de 2009. Disponível em: <http://www.bportugal.pt/pt-PT/Legislacaoenormas/Paginas/DL144ano2009.aspx>. Acesso em: 24 mar. 2015.

_____. **Decreto-lei nº 317**, de 30 de outubro de 2009. Disponível em: <http://www.bportugal.pt/pt-PT/Legislacaoenormas/Paginas/DL317ano2009.aspx>. Acesso em: 24 mar. 2015.

RESERVE BANK OF INDIA (RBI). **Annual Report on Banking Ombudsman Scheme, 2012-13**. 31 jan. 2014. Disponível em: <http://rbi.org.in/Scripts/PublicationsView.aspx?Id=15718>. Acesso em: 12 nov. 2014.

SADDI, Jairo. **Crédito e Judiciário no Brasil:** uma análise de direito &economia. São Paulo: Quartier Latin, 2007.

SADEK, Maria Teresa A; ARANTES, José Bastos. A Crise do Judiciário e a visão dos juízes. **Revista USP**, n. 21, mar.-maio 1994, p. 39.

SALAMA, Bruno Meyerhof; PINHEIRO, Thiago Jabor. Citizens vs. banks: institutional drivers of financial market litigiousness in Brazil. In: **Direito GV Working Papers**. 2013. Disponível em: <http://works.bepress.com/bruno_meyerhof_salama/81/>. Acesso em: 4 maio 2014.

SANTOS, Flávia Maria Preti dos; GHISI, Flávia Angeli. **Uma análise crítica do papel do ombudsman nas organizações.** 2006. Disponível em: <www.anpad.org.br/ema/2006/dwn/ema2006-mktb-324.pdf>. Acesso em: 22 out. 2014.

SHLEIFER, Andrei. The National Bureau of Economic Research. Working Paper 15651. **Efficient Regulation**. Cambridge, MA, jan. 2010. Disponível em:<http://www.nber.org/papers/w15651.pdf>. Acesso em: 14 out. 2014.

SILVA, José Afonso da. **Curso de direito constitucional positivo.** 31. ed. São Paulo: Malheiros, 2008. 266p.

SIMON, Herbert. Rationality in Psychology and Economics. In: HOGATH, Robin M.; REDER, Melvin W. (Eds.). The Behavioral Foundations of Economic Theory. **Journal of Business** (supplement), 59: S209-S24.

THE ECONOMIST. **All it needs is love** – Capitalism's reputation has been damaged by the bankers. 15 nov. 2014. Disponível em: <http://www.economist.com/news/finance--and-economics/21632602-capitalisms-reputation-has-been-damaged-bankers-all-it--needs-love>. Acesso em: 15 nov. 2014.

TRUBEK, David M. Max Weber sobre direito e ascensão do capitalismo. In: **Revista Direito GV**, v. 3. n. 1, 2007. p. 151-186.

UGGLA, Fredrik. The ombudsman in Latin America. **Journal of Latin America Studies**. v. 36. 2004. p. 423-450.

WATANABE, Kazuo. Acesso à Justiça e sociedade moderna. In: GRINOVER, Ada Pelegrini; DINAMARCO, Candido Rangel; WATANABE, Kazuo. **Participação e processo.** São Paulo: Revista dos Tribunais, 1988.

_____. Cultura da sentença e cultura da pacificação. In: YARSHELL, Flavio Luiz; MORAES, Maurício Zanoide de. **Estudos em homenagem à professora Ada Pellegrini Grinover.** São Paulo: DPJ, 2005.

_____. Acesso à Justiça e meios consensuais de solução de conflitos. In: ALMEIDA, Rafael Alves de; ALMEIDA, Tania; CRESPO, Mariana Hernandez (Orgs.). **Tribunais multiportas:** investindo no capital social para maximizar o sistema de solução de conflitos no Brasil. Rio de Janeiro: FGV, 2012, p. 87-94.

WEBER, Max. **Economy and society**. v. 2. Berkeley; Los Angeles: G. Roth & C. Wittich, 1968. p. 883.

ÍNDICE

PREFÁCIO 5

SUMÁRIO.. 9

INTRODUÇÃO 11

1 A LITIGÂNCIA ENTRE BANCOS E CLIENTES.............................. 15

2 O OMBUDSMAN BANCÁRIO 39

3 ESBOÇOS DE UMA PROPOSTA:
ANTEPROJETOS DE LEI ORDINÁRIA E DE RESOLUÇÃO
QUE DISPÕEM SOBRE OMBUDSMAN BANCÁRIO 109

4 CONCLUSÃO 113

REFERÊNCIAS 117